Sommaire

W0406601

IV
Se donner de la valeur

V
Au travail

VI
Assumer de briller

ANNEXE

Kiffe ton handicap !

Ta différence est ton histoire. Fais-en ton pouvoir.

VIRGINIE DELALANDE

Première avocate sourde profonde en France

DUNOD

Éditorial : Delphine Levêque et Églantine Assez
Couverture : Nicolas Wiel, Studio Dunod
Fabrication : Damien Naranin
Mise en pages : Nord Compo

NOUS NOUS ENGAGEONS EN FAVEUR DE L'ENVIRONNEMENT :

Nos livres sont imprimés sur des papiers certifiés pour réduire notre impact sur l'environnement.

Le format de nos ouvrages est pensé afin d'optimiser l'utilisation du papier.

Depuis plus de 30 ans, nous imprimons 70 % de nos livres en France et 25 % en Europe et nous mettons tout en œuvre pour augmenter cet engagement auprès des imprimeurs français.

Nous limitons l'utilisation du plastique sur nos ouvrages (film sur les couvertures et les livres).

© Dunod, 2025
11 rue Paul Bert, 92240 Malakoff
www.dunod.com
ISBN : 978-2-10-088373-8

Note de l'autrice

J'ai longtemps hésité avant de trancher cette question de l'écriture inclusive.

Tu le sais, l'égalité, la diversité et le respect des singularités font profondément partie de mon ADN. Mais dans ce livre, j'ai fait un choix : celui de l'accessibilité avant tout.

Parce que certaines personnes lisent avec des logiciels de synthèse vocale. Parce que d'autres sont dyslexiques, ou simplement peu à l'aise avec les textes trop complexes, j'ai donc opté pour une écriture fluide, au masculin générique, en espérant que personne ne s'y sente effacé.

Ce choix ne remet pas en cause mes convictions. Il est juste une manière de dire : « Je veux que tout le monde puisse me lire. Vraiment tout le monde. »

Belle lecture !

Introduction

Il y a des personnes qui ne choisissent pas leur différence. Elles la découvrent un jour – ou naissent avec – et tout ce qu'elles croyaient savoir sur la vie, sur elles-mêmes, sur le monde, doit être réinventé. On les pense fragiles. Pourtant, elles développent une force qu'aucun manuel n'enseigne. Une créativité de survie. Une endurance silencieuse. Une intensité de présence qui bouscule. Ce sont des personnes qui brillent dans l'ombre. Pas parce qu'elles veulent être discrètes, mais parce que le monde ne sait pas encore où les placer.

Elles avancent autrement. Avec un corps différent, une pensée singulière, une trajectoire imprévisible. Et parfois, sans que personne ne les remarque, elles déplacent des montagnes.

On les croit limitées, dépendantes, brisées. Et pourtant, elles accomplissent des choses absolument extraordinaires. Un homme sans bras ni jambes qui relie les cinq continents à la nage : Philippe Croizon. Un entrepreneur aveugle qui monte à cheval seul et crée dix entreprises : Didier Roche. Une artiste amputée de trois membres qui expose dans le monde entier : Priscille Deborah.

On les appelle « exceptions », je les appelle « éclaireurs ». La preuve vivante que la force ne se mesure pas à ce qu'on a, mais à ce qu'on fait avec.

Et moi ? Je suis née avec une surdité profonde. J'avais neuf mois quand un médecin a dit à mes parents : « Elle n'y arrivera jamais. » Je ne m'en souviens pas, évidemment. Mais j'ai grandi avec cette phrase qui résonnait autour de moi, telle une condamnation. On m'a dit que ce serait un obstacle, une injustice, une vie pleine de renoncements. Mais la réalité, les rencontres et l'expérience m'ont appris autre chose : je ne suis pas « moins capable », je suis capable autrement.

Et c'est peut-être ça le plus grand malentendu : on pense que le handicap enferme. Mais en réalité, il oblige à créer. À inventer, chaque jour, une vie qui nous ressemble. À puiser dans des ressources que d'autres ne découvrent jamais.

Alors pourquoi, encore aujourd'hui, tant d'enfants handicapés n'ont-ils pas le droit de rêver grand ? Pourquoi tant d'adultes en situation de handicap vivent-ils enfermés dans des cases étroites, invisibles, assignés à un rôle qu'ils n'ont pas choisi ?

Un jour, après une conférence, un père est venu me voir. Il avait les larmes aux yeux. Il m'a dit : « C'est la première fois que je me dis que mon fils peut être heureux. » À cet instant, j'ai su que je devais écrire ce livre.

Ce n'est pas un livre sur le handicap. Ce n'est pas un livre sur la différence. C'est un livre sur la lumière qu'on découvre quand on cesse de s'excuser d'exister. Un livre sur la liberté. La vraie. Celle qui commence quand on décide d'assumer qui l'on est – sans filtre, sans détour, sans permission.

Si tu es une personne concernée, un parent, un professionnel, un proche ou simplement un être humain : ce livre est pour toi. Il ne te dira pas comment penser. Il ne t'imposera rien. Mais il te montrera ce qu'on ne t'a jamais raconté.

Ce livre est un miroir. Un déclencheur. Une permission. Une passerelle entre ce que tu crois de toi… et ce que tu peux devenir si tu oses.

Et si ce que tu croyais devoir cacher… était en réalité ce que tu es venu offrir au monde ? Alors, prêt à découvrir ce dont tu es vraiment capable ?

Et n'hésite pas à flasher ce QR-code
pour découvrir le mouvement Kiffe ton handicap. Tu es le bienvenu !

http://dunod.link/x02rtbl

Mon handicap et moi

1

Et si on changeait de regard sur le mot « handicap » lui-même ? Réfléchis à ce que ce mot t'évoque vraiment : une fatalité ? un fardeau ? un mur infranchissable ?

Pour beaucoup de personnes, il sonne comme une condamnation. Il évoque les limites, l'injustice, un poids que l'on n'a pas choisi.

Il arrive dans notre vie sans prévenir, sans mode d'emploi, souvent imposé plutôt que revendiqué. Trop souvent, il bouscule, enferme, stigmatise.

Moi aussi, je l'ai longtemps vu comme mon pire ennemi. Il incarnait tous mes combats, tous ces regards qui me rappelaient, jour après jour, que je n'étais pas « comme les autres ». Ce mot portait en lui toutes les injustices subies, toutes ces barrières invisibles, ces opportunités qu'on me refusait.

Mais un jour, une question s'est imposée à moi : et si ce mot ne signifiait pas ce qu'on m'avait toujours appris à croire ? Et si je pouvais le redéfinir à ma manière ?

Ce jour-là, j'ai décidé d'arrêter de le fuir. De l'affronter. De le déconstruire. Et, surtout, de le transformer. Je ne voulais plus qu'il m'enferme. Je voulais qu'il me révèle.

Cette première partie est une invitation à :

- explorer ta propre relation au handicap et tout ce qu'il représente pour toi ;
- déconstruire les idées reçues, celles que la société nous impose, mais aussi celles que nous avons intégrées malgré nous ;
- reprendre le pouvoir sur ton histoire, pour que ce mot ne soit plus une étiquette qui t'enferme, mais un pan assumé de ton identité, un élément que tu choisis, un mot que tu réinventes, une force que tu incarnes.

Prêt à remettre les compteurs à zéro et à changer de regard sur ton propre parcours ?

Alors, allons-y.

1

Handicap, ce mot qu'il faut apprendre à aimer

« Ce n'est pas le handicap qui te limite,
mais la manière dont tu choisis de le voir. »

Histoire vraie

Le mot « handicap » a longtemps été pour moi un poids invisible mais paradoxalement omniprésent et insupportable. Il renfermait tout ce que je voulais fuir : les jugements, les limitations, cette impression de porter un fardeau qui m'excluait du monde.

« Handicapée », *« personne en situation de handicap »*, *« sourde »*, *« malentendante »*. Je me souviens encore des moments où entendre ces mots pouvait me mettre hors de moi.

Peu importe l'emballage, le goût restait amer. Chaque syllabe résonnait comme un verdict, une étiquette collée de force sur mon front. Comme si ces mots pouvaient résumer qui j'étais. Comme s'ils avaient plus de poids que mes rêves, mes choix, ma personnalité. Je ne me reconnaissais absolument pas dans ce portrait que l'on dressait de moi. Vraiment pas du tout.

En même temps, je faisais tout pour cacher ce rejet, cette colère sourde. Pas question de laisser transparaître à quel point ce mot, *handicap*, pouvait m'atteindre.

Jusqu'au jour où j'ai fait une découverte. En feuilletant un livre, je suis tombée sur un passage expliquant l'étymologie du mot

« handicap ». Ces quelques lignes ont provoqué en moi un véritable déclic.
Handicap vient en fait de l'anglais *hand in cap* (littéralement « la main dans le chapeau »), une pratique de troc du XVIe siècle où l'on compensait les différences pour équilibrer les échanges. Puis, avec le temps, il a été utilisé dans le sport, notamment pour équilibrer les chances entre chevaux de course ou au golf. Pour résumer, on freinait un peu les plus forts pour que la course soit plus équitable.
Waouh ! C'était donc possible qu'un handicap porte une connotation positive ? Et si, au lieu d'un fardeau, mon handicap était en fait une *super-épreuve* pour me faire grandir ? Un peu comme si la vie disait : « Toi, t'es balèze. Je vais te mettre un petit défi en plus, juste pour voir jusqu'où tu peux aller. »
Plus tard, sur LinkedIn, alors que j'écrivais un post pour partager cela, un des membres de mon réseau m'a partagé une pépite : *handi* signifie « celui qui est grand » en basque et *cap* vient du mot latin *caput* qui signifie « tête », « chef » en occitan. Oh, canon ! En réalité, ce mot que je rejetais me disait plutôt : tu es grande, tu es leader, tu es forte.
Depuis ce jour, j'ai réécrit mon histoire avec ce mot. Fini la honte. Fini la peur. Aujourd'hui, je l'assume, je le transforme, j'en fais un levier. Je suis une femme qui joue avec ses limites, qui transforme le plomb en or, qui ose montrer qui elle est vraiment. Pas de doute, ça change tout !

Pourquoi c'est important ?

Et si ton handicap n'était pas une faiblesse, mais une invitation à grandir, à rééquilibrer les cartes, à montrer ta force ? Non, ce mot ne te définit pas, mais tu peux redéfinir ce qu'il signifie pour toi.

Passe à l'action

Voici cinq étapes à suivre pour te réconcilier avec le mot handicap sans plus attendre.

1. **Explore l'histoire du mot.** Rappelle-toi : *hand in cap* signifie équilibrer les chances. Repense aux moments où ton handicap t'a boosté, t'a forcé à innover ou à te dépasser.
2. **Redéfinis ton rapport au mot.** Que signifie handicap pour toi aujourd'hui ? Écris ce que tu ressens, puis imagine un sens plus puissant, plus lumineux.
3. **Utilise tes forces.** Note trois qualités que tu as développées *grâce* à ton handicap : résilience ? créativité ? hyper-empathie ?
4. **Inspire les autres.** Partage ton histoire avec quelqu'un. Montre comment ton parcours, loin d'être limité par le handicap, a été enrichi grâce à lui.
5. **Change ton langage intérieur.** Au lieu de te dire « je suis limité par mon handicap », remplace cette pensée par « mon handicap m'invite à sortir du cadre ».

Synthèse

Le handicap n'est pas un mur, une condamnation. C'est une porte dérobée vers tes forces cachées, une invitation à redéfinir nos limites, à transformer nos défis en forces et à inspirer autour de nous. Alors, la prochaine fois que tu entends ce mot, pense à ce qu'il représente maintenant pour toi. Par quelle vision positive de toi-même souhaites-tu le remplacer ?

2

Une histoire du handicap

Est-ce que comme moi, tu as souvent l'impression que les choses ne changent pas tellement ? Est-ce qu'il t'arrive parfois de te dire « Pfff ! C'est malheureux d'en être encore là au XXIe siècle au pays des droits de l'Homme » ? Si c'est le cas, alors ce chapitre va sûrement t'aider à relativiser, comme ça a été le cas pour moi.

L'histoire du handicap est intéressante parce qu'elle révèle l'évolution des attitudes et des traitements envers les personnes handicapées au fil des siècles. Très vite, on s'aperçoit que, selon les lieux et les époques, les pratiques ont varié de manière très significative. On réalise également à quel point les choses accélèrent dans le bon sens depuis deux siècles (et si ça ne te suffit pas, retrouve l'évolution de la législation en fin d'ouvrage).

Commençons par la Préhistoire

Des découvertes archéologiques montrent que certaines personnes handicapées étaient intégrées et soutenues par leur communauté. Par exemple, un squelette humain fossilisé, surnommé « Elvis » et datant de la période – 500 000 à – 20 000 ans avant J.-C., a été découvert en Espagne en 1994. Son étude a révélé qu'il souffrait d'un glissement vertébral extrêmement douloureux. Sa survie suggère donc une entraide au sein du groupe.

Dans de nombreux textes anciens

Pourtant, force est de constater que cette vision de solidarité n'a pas été la norme à travers toutes les périodes de l'Histoire. Dans certaines cultures anciennes, les personnes handicapées étaient souvent perçues sous un jour bien moins favorable. La Bible, la Torah et d'autres textes anciens décrivent les infirmes non pas comme des individus dignes de soutien, mais comme des impuretés dangereuses, qu'il fallait isoler pour éviter la colère divine et protéger la communauté.

Pendant l'Antiquité

Pendant l'Antiquité, les attitudes envers les personnes handicapées variaient en fonction des cultures et des contextes. Cependant, plusieurs éléments communs peuvent être soulignés. En Égypte antique, la perception des personnes handicapées semble avoir été plus nuancée par rapport à d'autres sociétés anciennes. En effet, dans la spiritualité égyptienne, le corps handicapé était perçu comme une œuvre divine incomplète, qui serait achevée dans l'au-delà. On le mettait donc sous la protection des dieux. Le handicap était régulièrement représenté dans la vie quotidienne ou dans l'art, et même chez certaines divinités : Horus perdit son œil, Bès et Ptah-Patèque étaient tous les deux atteints de nanisme mais symbolisaient la jeunesse éternelle. Les personnes en situation de handicap possédaient même des droits. Elles pouvaient par exemple bénéficier d'une exemption de taxes professionnelles en se rendant à un examen médical (l'*epikrisis*)[1].

1. « L'Histoire du handicap », *www.afipph.fr*

Chez les Grecs et les Romains, la perception variait selon la forme et l'origine du handicap. De manière générale, la difformité de naissance faisait peur. Cette appréhension est en réalité le fruit d'un héritage des peuples nomades qui changeaient de camp tous les mois et ne devaient leur survie qu'à leur mobilité et leur adaptabilité. Seuls les plus forts survivaient. Il fallait donc justifier l'abandon des plus faibles…

Au début de l'Empire romain, la loi donnait au *pater familias* (père et chef de famille) le droit de vie et de mort sur ses enfants. Les nouveau-nés en situation de handicap étaient donc généralement tués, abandonnés ou vendus comme esclaves. En Grèce, certains étaient abandonnés à la naissance hors de la cité, au bon vouloir des dieux et des passants. En revanche, le combattant blessé pouvait prétendre avoir une place dans la cité, car son handicap était justifiable. Il avait une place dans la société mais était tenu éloigné des lieux de culte, puisque toute atteinte corporelle était perçue comme une dégradation incompatible avec la notion de perfection divine.

À la fin de l'Antiquité, l'émergence de la pensée chrétienne va venir bouleverser cet ordre établi, puisque Jésus lui-même invite les malades et les infirmes à sa table.

Au Moyen Âge

Grâce au christianisme, la charité envers les personnes handicapées devient une valeur importante. L'individu handicapé devient celui qu'il faut aimer et secourir. Lui offrir son obole ou donner aux œuvres (Hôtels-Dieu, etc.), voilà une bonne manière d'obtenir le salut de son âme ! Pour autant, la personne handicapée était souvent moquée. La figure du bouffon de la Cour exprime très bien cette ambivalence : d'un côté, sa difformité autorisait les rires, mais de l'autre, il avait une grande liberté d'expression et figurait parmi les rares personnes à pouvoir contredire les puissants.

Peu à peu, le pouvoir commence à s'emparer de la question. En 1254, de nombreux soldats sont revenus de la septième croisade avec les yeux brûlés par le Soleil ou crevés lors des combats. Louis IX inaugure alors le premier établissement uniquement dédié aux aveugles à Paris : les Quinze-Vingts. Puis les guerres et les épidémies font rage, les infirmes sont de plus en plus nombreux. De son côté, l'Église demande l'aide de l'État pour assumer sa mission, sans grand succès.

À partir du XIVe siècle, la peur prend le dessus sur cette attitude charitable et conduit à la mise à l'écart puis à l'enfermement de cette population composite de gueux et pauvres gens, d'infirmes et de pauvres d'esprit. L'explication est assez simple : souvent à la rue et dans l'impossibilité de trouver du travail, les handicapés se regroupent dans les cours des Miracles, des lieux insalubres mais surtout le fief des mendiants, faux infirmes et voleurs de multiples origines. Les Hôtels-Dieu commencent à enfermer leurs « patients » pour les écarter de la vie publique. L'apogée de cette période a lieu sous Louis XIV qui pense rétablir l'ordre en ordonnant la construction de l'hôpital de la Salpêtrière, spécifiquement pour les enfermer et les écarter de la vie publique. Quelques années plus tard, il crée l'Institution des Invalides pour héberger les vétérans de ses armées devenus inaptes au travail.

Le siècle des Lumières

Le siècle des Lumières apporte un changement significatif : un nouveau courant de pensée nait, prônant la raison, la science et le respect de l'humain. Les philosophes et médecins commencent à voir les personnes handicapées sous un nouveau jour :

- Diderot écrit des essais prônant l'égalité des esprits, pourvu qu'on leur consacre suffisamment d'instruction et d'éducation ;

- L'abbé de l'Épée crée une école pour les sourds-muets et développe les bases de la langue des signes ;
- Valentin Haüy fonde l'institution des jeunes aveugles et invente le braille pour leur ouvrir l'accès à la lecture ;
- Philippe Pinel introduit des traitements doux en psychiatrie, marquant une révolution dans le traitement des maladies mentales ;
- en 1790, le principe du devoir d'assistance par la Nation est pour la première fois affirmé devant l'Assemblée constituante par le Comité de mendicité présidé par La Rochefoucauld-Liancourt.

Durant cette période, on comprend enfin que les déficients sensoriels ont des facultés mentales normales. L'accès à l'éducation, sous forme de classes de perfectionnement, s'ouvre aux enfants handicapés afin d'éviter qu'ils tombent dans la délinquance. Les adultes peuvent désormais prétendre à une vie intellectuelle, artistique et professionnelle. Progressivement, les personnes handicapées retrouvent donc leur place dans la société et s'affirment dans la vie économique.

Prenons l'exemple de Claude Montal, aveugle dès l'enfance. Il entre à l'école de Valentin Haüy en 1817, se forme à la musique et devient accordeur de pianos. En 1830, il s'établit à son compte. Les premières années sont difficiles. Les clients sont rares et Montal survit grâce à la charité. Toutefois, à force de persévérance, il se fait remarquer par Adolphe Laurent, professeur au Conservatoire de Paris, et devient l'accordeur agréé de l'institution. Puis il se met à fabriquer ses propres pianos. Ses instruments novateurs connaissent un énorme succès. Il devient le fournisseur officiel des plus grands, de l'empereur du Brésil au roi de Hanovre. En 1851, Claude obtient la Légion d'honneur. Une première pour un aveugle.

La Révolution industrielle et la Première Guerre mondiale

La Révolution industrielle modifie la perception du handicap avec la hausse des accidents au travail. Le 9 avril 1889, une loi met à la charge de l'employeur une assurance spécifique permettant le versement d'une indemnisation au titre des infirmités acquises dans le cadre du travail. En 1921 apparait l'une des premières associations : la Fédération des mutilés du travail (FNATH).

À mesure que la médecine progresse et que les guerres multiplient le nombre de blessés, la société commence à voir le handicap autrement. Les premières lois en faveur de l'inclusion émergent et les mentalités évoluent… lentement, mais sûrement. En effet, la Première Guerre mondiale engendre un nombre impressionnant de mutilés de guerre, qui se sont sacrifiés pour défendre la Nation. Imagine : en 1919, la France compte 3 200 000 blessés, pour 4 000 000 soldats encore au front au moment de l'armistice. Ils bénéficient de traitements de faveur, leurs infirmités n'étant pas perçues aussi négativement que les handicaps de naissance ou apparus en cours de vie. La médecine se mobilise alors pour réparer ces gueules cassées. On met au point de nouvelles techniques de chirurgie, des prothèses. C'est l'apparition d'une première vision sociale du handicap : on va le réparer grâce à la médecine !

Jusqu'à la Seconde Guerre mondiale, de nombreuses actions ont été menées : barème d'évaluation des handicaps pour déterminer le montant de la pension d'invalidité, obligation des entreprises à recruter des mutilés de guerre (1924), etc.

Durant cette période, les associations en faveur des personnes handicapées se multiplient.

- 1933 : Association des paralysées de France (APF) ;
- 1958 : Association française contre les myopathies (AFM) ;

- 1960 : Union nationale des parents d'enfants inadaptés (UNAPEI).

Nous en comptons plusieurs centaines de milliers aujourd'hui. Les lois en faveur du handicap aussi sont de plus en plus nombreuses. J'en ai dressé une liste spécifique en annexe pour que tu puisses percevoir leur évolution.

Et aujourd'hui ?

Notre société évolue de plus en plus vite vers une meilleure inclusion des personnes handicapées. Les progrès de la médecine et de la science, la technologie et l'intelligence artificielle contribuent fortement à cette avancée.
Les défis actuels incluent l'amélioration de l'accessibilité des lieux publics et privés, l'accessibilité à l'information (scolarité et études supérieures).
Il y a encore évidemment beaucoup de travail ! C'est aussi la raison pour laquelle ce livre me tient tellement à cœur. Il faut faire en sorte que notre « libération » collective nous permette aussi d'être davantage à l'initiative de ces progrès sociétaux.
Et toi, quelle est ta perception du handicap aujourd'hui ?

- Quelles sont les idées reçues sur le handicap que tu avais et qui ont évolué après avoir lu ce chapitre ?
- Quel fait historique t'a le plus marqué ? Pourquoi ?
- Comment ces évolutions influencent-elles ta vision du handicap au quotidien ?

3

Et si accepter, c'était créer ?

« Ta maison a toujours de la valeur,
même si certains meubles sont abîmés. »

Histoire vraie

Pendant longtemps, j'ai cru qu'accepter son handicap, c'était comme dire : « Ok, la vie a gagné. Je baisse les bras. »
Accepter… Rien que le mot me paraissait absurde, me faisait grincer des dents. Accepter *quoi*, au juste ? une injustice ? une douleur ? Un truc que je n'avais absolument pas choisi ? Franchement, ça sonnait comme une capitulation. Une prison à vie.
Pas question ! J'ai donc résisté. Fort. Tout le temps. Contre les limites. Contre moi-même. Contre le regard des autres. J'étais en mode combat permanent. Le hic, c'est qu'à force de boxer dans tous les sens, tu finis par t'épuiser.
Les choses ont changé lorsque j'ai eu une discussion avec Nadalette La Fonta, une femme solaire, brillante, mais qui avait perdu sa mobilité à la suite d'un malheureux coup de bistouri dans la moëlle épinière. Elle m'a glissé tout doucement : « Jusque-là, j'ai tenté de réparer, de retrouver, de reconstruire… Mais aujourd'hui, il est temps pour moi de dessiner à nouveau. »
Cette phrase a créé un déclic dans ma perception. Dessiner à nouveau ? Et si la vie, ce n'était pas une réparation d'accident,

mais une œuvre en mouvement ? Un espace où l'on peut encore créer, même avec les trous dans la toile ?
Mais surtout, ce jour-là, j'ai réintégré une chose qui m'a beaucoup aidée : accepter ne signifie pas abandonner. Accepter, c'est arrêter de se battre contre ce qui est… pour enfin pouvoir construire ce qui peut être.

Pourquoi c'est important ?

Accepter son handicap ne signifie pas le subir. Cela signifie l'intégrer comme une partie de soi, sans se réduire à lui.
Accepter, c'est :

- **Prendre acte de la réalité.** Oui, il y a des limites, des défis, des frustrations.
- **Découvrir tout ce qui reste possible.** Oui, il y a aussi des opportunités, des ressources et des joies insoupçonnées.
- **Dessiner une nouvelle vie à partir de cette base.** Oui, le handicap ne définit pas qui tu es, mais il peut te guider vers une créativité et une force insoupçonnées.

Parce que la vraie question est « que peux-tu encore faire ? ».

Passe à l'action

L'acceptation n'est pas juste un concept abstrait, c'est un muscle qui se travaille. Les exercices suivants sont là pour t'aider à progresser, un pas après l'autre.

1. **Regarde les deux faces de ta vie.** D'abord, confronte-toi à tes limites. Liste tes frustrations, tes peurs, les choses que tu ne peux pas faire. Pas pour te plaindre. Juste pour voir les choses en face, sans les fuir. Ensuite, découvre les possibles. Note toutes les choses que tu peux encore faire, même différemment, même maladroitement. La liste est souvent plus longue qu'on le croit.

• • •

2. **Change d'image.** Imagine ta vie comme une maison. Peu importe l'état des meubles (les limites imposées par ton handicap), ta maison reste solide et pleine de valeur. Tu peux encore en faire un endroit qui est beau, vivant, unique. Garde cette image en tête chaque fois que tu te sens diminué.
3. **Redeviens créateur.** Quel projet te fait vibrer ? Quelle envie refait surface ? Note-les. Nommer est le premier pas vers l'action. Entoure-toi des bonnes personnes, c'est-à-dire des proches qui te soutiennent et t'aident à avancer. Célèbre également chaque étape car chaque petite victoire est une brique dans ta nouvelle maison.

Synthèse

Accepter, ce n'est pas dire « c'est comme ça » avec fatalité, c'est dire « d'accord, la donne a changé. Maintenant, je joue ma carte ». C'est arrêter de corriger, de réparer en boucle et commencer à dessiner une nouvelle version de toi. Pas parfaite, mais plus vraie, plus alignée, plus puissante.

En d'autres termes, tu es la maison entière, pas juste un meuble un peu bancal.

Alors dis-moi, que choisis-tu de dessiner aujourd'hui ?

4

Se libérer de ses complexes

« Et si ce que tu rejettes en toi devenait ce qui te rend inoubliable ? »

Histoire vraie

C'est fou comme les complexes peuvent devenir des poids invisibles. À 18 ans, j'en avais une vraie collection : ma taille de poche – 1m60, alors que tous mes cousins frôlent les 1m80 –, mon nez un peu trop crochu, des jambes que mes jeans trouvaient trop courtes, mes appareils auditifs que je cachais sous mes cheveux, mon accent de sourde… Même mes grains de beauté me complexaient : en maillot, je suis un vrai dalmatien ! Je me regardais dans le miroir en pensant : « Comment quelqu'un pourrait-il un jour tomber amoureux de moi avec *tout ça* qui ne va pas ? ».

On a tous ces petites voix critiques dans la tête. Le plus fascinant, c'est l'impact qu'elles peuvent avoir sur notre rapport à notre corps, aux autres.

Je me souviens d'un soir où je scrollais sur Instagram. Une vidéo attira mon attention : elle parlait d'une étude scientifique qui cherchait à mesurer l'effet d'une cicatrice du visage sur les relations sociales. Les chercheurs avaient maquillé des participants pour leur dessiner une vilaine cicatrice très réaliste sur la joue. Une fois le maquillage terminé, ils leur montraient leur « nouvelle tête » dans un miroir. Juste avant de les laisser sortir et interagir avec des inconnus, les maquilleurs faisaient semblant de finaliser des retouches, alors qu'en réalité ils faisaient disparaître la cicatrice sans leur dire. Résultat : quand les participants revenaient, ils décrivaient tous la même chose : la gêne, les regards insistants, des comportements condescendants. Pourtant, il n'y avait plus rien. Ce n'était pas la cicatrice qui dérangeait. C'était la croyance d'en avoir une.

Cette expérience prouve une chose essentielle : nos complexes nous blessent non pas parce qu'ils existent, mais parce que nous croyons qu'ils sont un problème.

Ne vous fiez pas aux apparences. Même des figures publiques que vous admirez sont passées par ce même combat intérieur. Parfois, les cicatrices les plus profondes ne se voient pas. Elles sont dans notre esprit. C'est ce que nous pensons que les autres voient qui nous blesse, pas ce qu'ils voient réellement.

Je repense souvent à une anecdote qui m'a marquée : celle de Seal, le célèbre acteur anglais. Je ne sais pas si tu le savais, mais ses cicatrices sur le visage sont dues à une maladie auto-immune, le lupus discoïde, qu'il a contractée à 23 ans. Pendant des années, il en a eu terriblement honte. Jusqu'au jour où une fan l'a arrêté dans la rue parce qu'elle l'avait reconnu grâce à ses cicatrices.

Aujourd'hui, il dit quelque chose de magnifique : « Ce qui était difficile pour moi au départ est devenu ma signature. Les cicatrices, ce sont comme des tatouages, mais avec des histoires plus intéressantes. » Dès lors, Seal a commencé à les voir comme un élément de son identité.

J'adore cette déclaration. Elle me rappelle qu'une partie de ce qui nous rend uniques réside dans ces particularités que nous avons souvent envie de cacher.

Et si nous faisions pareil avec nos propres complexes ? J'ai accepté ma voix si particulière le jour où on m'a dit : « On la reconnait entre mille, elle te rend inoubliable ! ».

Que demander de plus ?

Pourquoi c'est important ?

Nos complexes sont souvent des mensonges que nous entretenons nous-mêmes. Ils prennent racine dans nos expériences, nos peurs, nos blessures. Mais leur pouvoir ? C'est nous qui le leur donnons !
Quand nous apprenons à les accepter, à les regarder avec tendresse, ils changent de forme. Ils passent de verrues à empreintes, de défauts à symboles.
Et si, au lieu de cacher nos cicatrices, nous décidions d'en faire des tatouages avec une histoire à raconter ?

Passe à l'action

Les complexes ne disparaissent pas tout seuls. La bonne nouvelle, c'est qu'on peut apprendre à les apprivoiser et à en faire une force. Les étapes suivantes vont t'aider à changer ton regard sur toi-même et à reprendre le pouvoir sur ton image.

1. **Change ta perspective.** Regarde-toi dans le miroir : ton complexe est-il aussi visible que tu l'imagines ? Les autres voient-ils réellement ce que tu vois ou zoomes-tu dessus par habitude ? Souviens-toi que les autres ont une vision globale de toi. Ils remarquent l'énergie que tu dégages, pas la longueur de ton nez.
2. **Assume-le.** Quelle est la dernière fois où ton complexe t'a empêché de faire quelque chose ? Comment réagirais-tu si un ami te disait qu'il a ce même complexe ? Exactement ! Alors applique-le à toi-même ! La prochaine fois que tu te surprends à cacher une partie de toi par gêne ou honte, rappelle-toi cette phrase : « Oui, j'ai ça. Et alors ? » Porte ton complexe comme un accessoire, une signature qui te rend unique.

• • •

3. **Réécris ton histoire.** Imagine que ton complexe est un atout et non un problème : que pourrait-il dire de positif sur toi ?

   Laisse-moi te raconter l'histoire de Marie. Après une mammectomie et une péritonite, elle vivait avec des cicatrices qui l'empêchaient de se mettre en maillot de bain. Un jour, elle a décidé que ses cicatrices ne définiraient plus sa vie. Et elle a écrit un poème à son corps que je trouve magnifique :

   « Oui, tu as souffert : les peurs, les drames, les angoisses, la maladie, infiltrés en toi, t'ont façonné, abîmé. Mais tu es la preuve que, malgré tout ce qui peut arriver dans la vie, la joie et le plaisir sont toujours présents. Tu es devenu un beau témoignage. Toi, mon corps, tu dis en silence que la honte n'a aucune place devant tes blessures. Tu offres une leçon de vie aux autres. Alors ce matin-là, passant une fois de plus devant cette personne qui ne pouvait s'empêcher de te regarder, je lui ai souri. Radieuse. Victorieuse ! »

   Et toi, que dirais-tu à ton complexe ? Prends une feuille et un stylo. Vide ton sac. Dis-lui pourquoi il t'a pesé, mais aussi pourquoi tu choisis aujourd'hui de lui donner une place différente dans ta vie.

4. **Entoure-toi des bonnes personnes.** Les complexes s'apaisent quand on est avec des gens qui nous acceptent tels que nous sommes. Repère les personnes qui te valorisent comme tu es et laisse les autres s'éloigner.

Synthèse

Tes complexes ne sont pas une fatalité. Ils ne sont que des parties de nous qui n'attendent qu'une chose : être vus avec bienveillance. Quand tu choisis de les accepter, de les aimer, ils deviennent des preuves de ton courage, de ton histoire.

Alors, que dirais-tu de transformer ce que tu caches en une signature unique ? Et si tu devenais fier de ce que tu es, entièrement, même avec tes imperfections ? Et si, dès aujourd'hui, tu décidais de porter un autre regard sur ce qui te rend tellement toi ?

5

Avoir trop mal - La dépression

« La dépression, c'est l'espoir qui se tait. »

Fodil Benséfia

Histoire vraie

Je n'ai pas toujours été aussi épanouie et sereine qu'aujourd'hui, une femme qui vit sa meilleure vie. À 28 ans, je ressentais une souffrance intérieure si profonde que je suis allée très loin : j'ai organisé mon propre départ.

Oui, j'ai voulu mourir. Intensément. Désespérément[1]. Je croyais que toutes mes souffrances étaient principalement dues à mon handicap. Cette décision radicale n'a pas été déclenchée par un événement précis, mais était plutôt le résultat d'une lente descente en spirale.

J'ai connu une adolescence très studieuse, difficile et solitaire. Peu d'amoureux. Huit longues années d'études vécues comme un véritable parcours du combattant. Tout était inaccessible. Chaque étape était une bataille, une lutte contre les préjugés des autres. La peur me suivait partout : serai-je acceptée malgré mon handicap ? Aurai-je une carrière ? Serai-je une bonne mère ?

1. Si tu veux les détails, tout est dans mon livre *Abandonner ? Jamais !*, publié aux éditions Kawa en 2020. Et tu vois, j'ai abandonné, mais, par chance, j'ai été repêchée !

Même après avoir coché toutes les cases (bac+8, avocate, un couple stable, une maison, deux enfants), je ressentais quotidiennement ce poids du handicap et de la surcompensation. Mon handicap semblait être une montagne que je ne pouvais ou ne voulais plus escalader. Ce n'était pas une chute. C'était une lente noyade.

Un jour, j'ai touché le fond. Épuisée physiquement, émotionnellement, mentalement, j'ai perdu l'étincelle, l'envie de continuer, l'espoir d'un lendemain plus simple et doux. Tout simplement.

Pourquoi c'est important ?

La dépression ne ressemble pas toujours à ce qu'on imagine. Elle ne crie pas. Elle ne se montre pas forcément en larmes ou en noir et blanc. Parfois, elle ressemble à une femme qui sourit en photo… et qui s'éteint dedans.

La souffrance mentale est un signal, un message du corps et du cœur qui dit : « Ce n'est plus vivable comme ça. » C'est comme porter un sac à dos trop lourd pendant trop longtemps. Si tu continues, tu t'effondres.

Mais voici la vérité :

- reconnaître sa douleur est un premier pas vers la guérison ;
- tu n'es pas faible parce que tu souffres, tu es humain et ta souffrance est légitime ;
- comprendre les messages derrière tes émotions peut transformer ta vie ;
- chaque colère, chaque tristesse, chaque frustration a quelque chose à te dire (la colère peut indiquer un besoin de poser tes limites, la honte peut révéler un jugement sévère que tu portes sur toi-même, la culpabilité peut signaler que tu n'écoutes pas tes besoins) ;
- tu n'as pas à tout porter seul ;

- demander de l'aide n'est pas un échec. C'est un acte de courage.

Quand on est en dépression, on a souvent l'impression d'être seul face à notre douleur. Pourtant, il existe des professionnels qui peuvent nous aider à y voir plus clair et à retrouver une énergie qu'on croyait perdue. Parler, être écouté, c'est déjà commencer à aller mieux. Je pense même qu'on gagnerait tous à aller voir un bon psy au moins une fois dans sa vie. Notre monde serait certainement plus sain !

Passe à l'action

Tu ne contrôles peut-être pas la vitesse à laquelle tu iras mieux, mais tu peux choisir de ne pas rester figé. Tu peux poser des petites actions dès aujourd'hui pour alléger ton moral. Voici quelques petits pas, simples, doux, à ton rythme.

1. **Identifie ton état émotionnel.** Comment te sens-tu en ce moment, sur une échelle de 1 à 10 ? Quels sont les signes qui te montrent que tu es dans une phase difficile ? Parce que tu ne peux pas soigner une douleur que tu refuses de nommer.
2. **Détecte les micro-lueurs.** Même dans les pires journées, y a-t-il un instant où tu ressens un peu de calme ou de répit ? Comment peux-tu reproduire ces petits moments plus souvent ?
3. **Sors du pilote automatique.** Quand as-tu pris du temps rien que pour toi pour la dernière fois ? Quelle est une activité, même minime, qui pourrait te faire du bien aujourd'hui ?
4. **Fais un premier pas vers quelqu'un.** À qui pourrais-tu parler aujourd'hui, juste pour briser l'isolement ? Juste une phrase, un message, une main tendue. Tu seras surpris de voir comme le simple fait d'être entendu change déjà beaucoup.

Synthèse

La dépression n'est pas une fin, c'est un passage. Parfois long, souvent dur, mais cela reste une période que l'on peut traverser et dépasser. N'oublie jamais que même dans les moments les plus sombres, une lumière existe quelque part. Même si tu ne la vois pas encore, elle est là. Avance, un pas après l'autre. Même un pas minuscule, c'est déjà un pas vers demain.

Tu as peut-être déjà touché le fond, comme moi, mais tu peux décider, aujourd'hui, que ton passé ne définira pas ton futur. Prends une grande inspiration, demande de l'aide si tu en as besoin et choisis de remonter. Et je te le promets : c'est possible !

6

Que faire du regard des autres ?

« Nul ne peut te rabaisser sans ton accord. »

Eleanor ROOSEVELT

Histoire vraie

Le regard des autres a longtemps généré chez moi une vraie angoisse, tel un poids invisible mais écrasant. Chaque fois que je sentais qu'on me fixait un peu trop longtemps, chaque fois que je voyais des messes basses dans ma direction, je devenais hyperconsciente de ma surdité, de mes appareils auditifs, de tout ce qui faisait que j'étais « différente ». Ces regards me transformaient en quelqu'un que je ne voulais pas être : une personne vulnérable, sur la défensive, presque cachée derrière une façade de « tout va bien ».

Je me souviens de cette fois où une amie de ma sœur s'est tournée vers elle en lui demandant : « C'est quoi qu'elle a à l'oreille ta sista ? ». Une question innocente, surtout venant d'une enfant de 9 ans ! Pourtant, dans ma tête, c'était comme si elle avait soudainement pris un haut-parleur en hurlant « attention phénomène rare en approche ! », et tout le groupe de copines s'est mis à me dévisager. Je n'ai pas su quoi dire, figée dans un mélange de honte et de frustration. J'ai laissé ma sœur gérer et je me suis enfuie.

Ce soir-là, j'ai pleuré des heures et des heures dans mon lit. Pas parce que cette petite fille avait été méchante – elle ne l'était pas – mais parce que je portais encore en moi un énorme poids : la peur du regard des autres.

Chaque regard semblait cacher un jugement silencieux, une critique perfide. Je me sentais toujours exposée, vulnérable, comme si ma surdité était une tare qu'on collait sur mon front en mode « brulez cette sorcière, cet échec de la nature ».

J'essayais de cacher mes appareils, de ne pas avoir besoin de parler, de passer inaperçue. Mais la vérité, c'est qu'on ne peut pas fuir ce qui fait partie de nous. Un jour ou l'autre, ta singularité te trahit et tu dois décider : tu la subis… ou tu l'embrasses.

Par la suite, en février 2019, j'ai participé à l'émission *Le Grand Oral* sur France 2, un concours d'éloquence où je suis arrivée en finale. Ma voix. Mes appareils. Mon histoire. Tout était là, en pleine lumière. Après l'émission, j'ai reçu des milliers de messages. Parmi eux, certains venaient d'anciens maîtres de stage, des avocats qui m'avaient encadrée des années auparavant. Même si en douze ans, ils avaient eu des centaines de stagiaires, ils se souvenaient encore de moi. Pas à cause de mes résultats scolaires, mais grâce à ma différence.

C'est là que j'ai compris : ce regard que je redoutais tant, ce regard qui m'avait paralysée, pouvait aussi être un cadeau, quelque chose de positif. Ma singularité, au lieu de me diminuer, pouvait aussi faire de moi quelqu'un de mémorable.

Ce jour-là, j'ai décidé de changer mon rapport au regard des autres. Au lieu de m'y soumettre, j'allais l'utiliser pour affirmer clairement qui j'étais.

Pourquoi c'est important ?

Parce que le regard des autres, ce n'est pas la vérité. C'est juste leur projection : leurs peurs, leurs croyances, leur ignorance. Et tu ne peux pas le contrôler. Tu peux en revanche faire un choix radical, celui de ne plus le laisser définir qui tu es.
En changeant ton propre regard sur toi-même, tu finis par transformer le leur.

Passe à l'action

Et si tu reprenais le contrôle sur le regard des autres ? Mode déminage activé ! Voici quelques exercices pour t'aider à t'en libérer et à retrouver ton propre regard sur toi-même.

1. **Change de lunettes.** Tu ressens un malaise ? un regard insistant ? Demande-toi si la personne en face de toi émet vraiment un jugement, ou si c'est juste toi qui imagines un jugement. La prochaine fois que quelqu'un te fixe, au lieu de penser « Qu'est-ce qui cloche chez moi ? », dis-toi « Peut-être qu'il est juste curieux ? Peut-être que *je l'intrigue ?* » Transforme ce moment en une opportunité de t'affirmer. Et si tu devenais carrément cette personne qu'on n'oublie pas ?
2. **Liste les regards qui comptent vraiment.** À qui fais-tu réellement confiance ? Qui t'aime tel que tu es ? Pourquoi donnes-tu plus d'importance aux jugements de personnes qui ne te connaissent pas ? Dresse une liste des regards qui comptent vraiment pour toi – ceux des personnes qui t'aiment, te soutiennent, te voient pour ce que tu es. Décide de n'accorder ton énergie qu'à ces regards bienveillants.

• • •

3. **Essaie la PRAF attitude.** Au lieu de lutter contre le regard des autres, et si tu choisissais simplement de t'en détacher ? La « PRAF attitude » (plus rien à foutre) n'est pas une crise d'adolescence, c'est une libération intérieure. Elle consiste à faire la paix avec le fait que l'on ne pourra jamais plaire à tout le monde, et ce n'est pas grave ! Tu décides simplement de n'en avoir plus rien à foutre de ce que pensent les gens qui ne te connaissent pas. Ce qui compte, c'est comment, toi, tu te vois. Allez hop ! Répète après moi : « PRAF de ce qu'ils pensent. PRAF de ce qu'ils vont dire. PRAF de leurs petits regards en coin. Je suis comme je suis, et basta ! » Et si, aujourd'hui, tu testais une journée sans t'excuser pour qui tu es ? Juste pour voir…
4. **Célèbre ta singularité.** Choisis une chose que tu redoutes de montrer (un appareil auditif, une cicatrice, une particularité physique, etc.) et décide de l'assumer avec panache pour une journée. Tu verras : le regard que tu portes sur toi-même influence celui des autres. Si tu es détendu, si tu t'en amuses, ça change tout.

Synthèse

Tu n'es pas ce que les autres pensent de toi. Tu es ce que toi, tu choisis d'être. À partir d'aujourd'hui, regarde-toi avec bienveillance, avance avec assurance et laisse les autres penser ce qu'ils veulent.

Quand tu fais la paix avec le regard des autres, une chose incroyable se produit : tu deviens libre. Libre de te montrer tel que tu es. Libre d'être inoubliable pour les bonnes raisons.

Et rappelle-toi : ce que les gens remarquent d'abord peut devenir ta signature. Alors, plutôt que de cacher ta lumière, laisse-la briller. Prêt à essayer la PRAF attitude ? Tu pourrais être surpris du pouvoir que cela te donne.

7

S'autoriser le reset

« Lorsque ton passé t'appelle, ne réponds pas,
il n'a rien de nouveau à te dire. »
Mandy HALE

Histoire vraie

Pendant des années, j'ai cru que ma vie était figée, gravée dans le béton. Je me disais que ce que je vivais à 28 ans serait ma réalité pour toujours. Je ruminais en boucle : « Pourquoi moi ? Pourquoi ce handicap ? Pourquoi cette injustice ? ».
Je me sentais engluée dans un quotidien qui ne me ressemblait plus, coincée entre frustration, colère et résignation, incapable de voir une autre issue.
Cependant, en lisant un livre de l'essayiste américain Tony Robbins, j'ai été frappée par cette phrase : « Le plus grand conflit que nous vivons au quotidien, c'est ce besoin de rester fidèle à soi-même. »
J'ai alors pris tout doucement conscience que je n'étais pas obligée de rester prisonnière de cette ancienne identité que j'avais construite jusqu'alors. Cette version construite en mode survie ! Que je pouvais décider, à tout moment, de changer de cap et d'ouvrir un nouveau chapitre. Ma vie que je n'aimais pas n'était pas une fatalité. Je pouvais en créer une autre. La psychothérapeute que j'allais voir pour ma dépression m'a ensuite donné une nouvelle pépite : la souffrance est un

message. Elle vient nous montrer ce qui n'a pas été compris ou entendu dans notre vie. J'ai donc arrêté de la fuir et ai commencé à l'étudier de plus près, à creuser.

Si toi aussi tu te sens coincé aujourd'hui, si tu as l'impression que rien ne change, sache ceci : il n'est jamais trop tard pour se réinventer. Et c'est une excellente nouvelle. Tu peux décider, dès maintenant, que tout ce que tu as fait ou vécu dans le passé n'a plus d'importance. Ton vécu ne t'emprisonne que si tu t'y accroches.

Pourquoi c'est important ?

Accepter son handicap, c'est aussi reprendre le contrôle de sa vie, au lieu de s'adapter sans fin aux circonstances.

- **Tu peux décider d'agir différemment.** Tu n'es pas obligé de rester fidèle à tes habitudes passées.
- **Ton identité n'est pas une fatalité.** Ce que tu es aujourd'hui ne doit pas nécessairement être ce que tu seras demain.
- **Le changement est possible, à tout moment.** Il suffit d'un pas de côté, d'une décision forte, pour réécrire ton histoire.

Passe à l'action

D'accord, tu ressens le besoin d'un changement, un reset ? OK, mais comment faire ? Par où commencer ? Voici les étapes clés pour t'aider à enclencher ce processus et le rendre réellement transformateur.

1. **Le bilan express.** Prends cinq minutes et liste les trois aspects de ta vie qui te pèsent le plus actuellement.
2. **Le grand ménage.** Choisis *une* chose dont tu veux te débarrasser aujourd'hui (une habitude, une pensée limitante, un objet, une relation toxique) et fais-le. Maintenant !

• • •

3. **La vision du futur.** Imagine-toi dans six mois après avoir enclenché ton reset. Tu vis comment ? Que ressens-tu ? Écris-le. Sois précis.
4. **Le premier pas concret.** Quelle petite action concrète peux-tu faire dans les prochaines 24 heures pour amorcer ton reset ? Fais-le maintenant. Même si c'est minuscule, ça compte.
5. **L'engagement envers toi-même.** Écris-toi une lettre ou un message pour te promettre quelque chose. Un changement. Un mieux. Une clarté. Relis-la dans six mois. Tu verras.

Synthèse

Accepter son handicap, ce n'est pas faire avec. C'est faire *mieux* avec, c'est choisir que ton identité d'hier ne devienne pas ton plafond d'aujourd'hui.

Tu peux, dès maintenant, faire un pas de côté. Tourner le volant. Réécrire ton scénario.

Et si tu cherches un signe que c'est le moment : le voici !

Alors, qu'attends-tu pour commencer à dessiner ta nouvelle vie ?

Conclusion

Dans cette première partie, nous avons déconstruit ce que signifie le handicap, nous avons appris à regarder notre histoire sous un autre prisme et, surtout, nous avons ouvert une porte vers une perception de nous-mêmes qui nous ressemblerait vraiment.

La prochaine étape consiste à explorer comment cette nouvelle vision peut transformer notre quotidien et notre rapport au monde.

Car comprendre son handicap est une chose, mais apprendre à ne plus le subir en est une autre, et c'est exactement ce que nous allons voir par la suite.

Prêt à aller encore plus loin ? Alors, continuons ensemble !

Ne plus subir

2

Tu viens de déconstruire tout ce que l'on t'a fait croire sur le handicap. Tu as compris que ce n'est pas une fatalité, mais une partie de toi que tu peux apprivoiser.

Maintenant, on passe à l'étape suivante : ne plus subir, reprendre le pouvoir sur ton histoire.

Ce que je veux te transmettre ici, ce n'est pas un simple message de motivation, c'est un mode d'emploi pour transformer ce que tu pensais être une faiblesse en une force.

Dans ces pages, je vais te montrer comment transformer tes contraintes en opportunités, comment assumer ta singularité et en faire une force. Parce que tu es bien plus que les limites imposées par ton handicap. Tu as le droit d'exister pleinement, sans compromis.

Prêt à devenir pleinement acteur de ta vie ? Alors, allons-y.

8

Se libérer de la honte

« La honte est une cage dont nous détenons la clé. Osons l'ouvrir. »

Histoire vraie

As-tu déjà eu honte de quelque chose que tu ne peux pas changer ?
Juin 2024. Je suis assise dans une salle avec une quinzaine de conférenciers. Nous participons à un mastermind pour partager nos stratégies, nos défis et nos succès.
L'atmosphère est légère, détendue, du moins jusqu'à ce que quelqu'un prononce ces mots : « Tu ne peux rien construire sur la honte. » Un frisson me traverse. *Boum.* J'ai beau sourire et faire semblant, cette phrase vient de toucher quelque chose de profond en moi.
Et voilà que l'animateur nous propose un exercice : « Quelle est votre plus grande honte en ce moment ? ».
Un silence gêné s'installe. Puis, lentement, les confessions commencent. Un homme, assis juste en face de moi, raconte à demi-mot qu'il n'arrive pas à dire non à ses amis qui abusent de ses services et ne le payent jamais. Un autre homme se penche en avant et avoue, rouge de gêne, qu'il s'est fait pipi dessus enfant et que cela le terrorise de revivre cette scène lorsqu'il prend la parole en public.

Et moi ? Je sens une énorme boule se former dans mon ventre. Cette discussion me ramène à ma propre histoire, et je réalise à quel point la honte a façonné ma vie. Combien de fois ai-je ressenti cette émotion écrasante ? Honte de ma différence. Honte de devoir demander des aménagements pour vivre plus confortablement. Honte de ma voix, de ma surdité, de cette partie de moi que je ne pouvais cacher.

Je me souviens de ces moments où je m'effaçais, jouant à la « plante verte » dans des réunions où rien n'était accessible pour moi. De ces fois où je riais avec les autres, sans avoir compris la blague. Et, surtout, je revois toutes ces fois où je me suis tue, où je n'ai pas osé demander ce dont j'avais besoin, juste pour éviter de déranger. Je ne voulais pas attirer l'attention, être perçue comme « moins ». J'avais honte de ma différence. Honte de devoir sortir du cadre. Honte d'être un poids, un « problème logistique ».

Pire, j'avais honte d'avoir honte.

Parce qu'au fond, je savais que je n'avais pas choisi d'être qui j'étais, je n'étais coupable de rien. Pourtant, cette honte me rendait invisible. Elle m'isolait, m'empêchait d'être pleinement moi-même. C'était une double peine.

Ce jour-là, en écoutant ces confessions autour de la table, quelque chose s'est réveillé en moi : désormais la honte allait changer de camp.

J'ai commencé doucement. J'ai osé demander des aménagements dans des situations où je me serais tue auparavant. J'ai osé dire à voix haute ce que je ressentais, même si ma voix tremblait. J'ai osé plaisanter sur ma surdité, transformant ce qui m'avait longtemps pesé en quelque chose de léger.

Et tu sais quoi ? Ce que je redoutais le plus – le rejet, la moquerie – ne s'est presque jamais produit. À la place, j'ai reçu du respect, de l'admiration. J'ai commencé à me sentir vue, entendue, acceptée pour qui j'étais réellement.

Ce jour-là, j'ai compris que la honte est une prison invisible. Elle ne vient pas des autres, mais de nous-mêmes. Ce n'est pas ce que nous sommes qui nous enferme, mais le regard que nous portons sur nous-mêmes.
La honte n'a de pouvoir que si on la cache.

Pourquoi c'est important ?

La honte est une illusion. On ne naît pas avec, on nous l'inculque. Dès l'enfance, on nous apprend ce qui est « acceptable » et ce qui ne l'est pas. On nous façonne pour rentrer dans le moule : surtout ne pas « déranger », éviter d'être différent. Alors, on se conforme. On tait nos singularités. On masque nos aspérités. Et peu à peu, on finit par croire que certaines parties de nous sont indignes d'être vues.
Mais la honte est un mensonge. Elle se nourrit des jugements qu'on imagine dans le regard des autres, alors qu'en réalité, ce que l'on redoute est souvent bien moins grave qu'on ne le pense. Elle nous emprisonne, nous pousse à minimiser nos talents, à nous effacer, à jouer un rôle qui n'est pas le nôtre.
Mais voici la vérité : on peut s'en libérer.
Oser être soi, c'est briser ses chaînes. C'est retrouver sa puissance. C'est réapprendre à se voir sans le filtre des peurs et des croyances imposées. Parce qu'au fond, la honte n'est rien d'autre qu'une vitre sale à travers laquelle on se regarde. Une distorsion de la réalité.
Et si, au lieu de nous cacher, on décidait enfin de la nettoyer ?

Passe à l'action

La honte n'a de pouvoir que si on la laisse s'installer. Voici quelques exercices simples mais puissants pour la déconstruire et saisir l'opportunité de devenir toi-même.

1. **Identifie ta honte.** Y a-t-il une partie de toi que tu caches aux autres par peur du jugement ? Depuis quand ressens-tu cette honte ? Quelle est son origine ?
2. **Inverse le miroir.** Imagine qu'un ami te dise : « J'ai honte de ça. » Et que c'est exactement ce que tu ressens toi aussi. Tu lui dirais quoi ? Et si, au lieu de te juger, tu t'autorisais à simplement exister tel que tu es ?
3. **Passe le test du « Et alors ? ».** Imagine que quelqu'un te fait une remarque sur ce que tu caches. Que pourrait-il arriver de pire ? Et si, au lieu d'imaginer le pire, tu testais simplement de te montrer sans masque ?

Synthèse

La honte est une illusion, une cage dont tu as déjà la clé dans ta poche. Tu n'as pas à t'excuser d'être qui tu es. Tu n'as pas à cacher une partie de toi pour plaire aux autres. Tu es déjà suffisant. Tu es déjà légitime, et il est temps que tu en prennes pleinement conscience.

Et si aujourd'hui, tu te sentais enfin prêt à ouvrir la cage ?

9

S'autoriser à être soi-même

« La suradaptation, c'est vivre pour les autres.
Être soi-même, c'est vivre pour soi. »

Histoire vraie

Je me suis toujours vue comme un caméléon, une personne capable de s'adapter à tous les environnements, de se fondre dans chaque groupe avec aisance. Étudiante, j'avais des amis d'horizons si variés qu'on aurait dit un tableau vivant : des sourds, des entendants, des jeunes, des plus âgés, des étudiants en droit, en commerce, en graphisme, des babas cool et même des aristocrates. J'aimais cette diversité et j'en étais fière.
Un jour, pleine d'enthousiasme, je décide de faire une grande fête qui rassemble tout le monde ! « Les amis de tes amis sont tes amis, non ? » Ha ha… Vraiment ?
Ce soir-là, les fêtards habituels ne se lâchent pas, les sympas deviennent des portes verrouillées, les timides sont assis dans un coin à écouter la playlist défiler. J'ai bizarrement beaucoup trop de volontaires pour préparer la nourriture, servir, ranger, etc. Certains tentent quand même de faire bonne figure mais je sens l'hypocrisie à dix kilomètres. L'ambiance est nulle, loin de ce que j'imaginais. Je ne comprends pas.
Le lendemain à la fac, une copine me glisse :
« Merci beaucoup pour l'invitation, c'était sympa…

— Mhhh… j'ai plutôt eu l'impression que vous vous êtes tous fait chier. »

Elle nie mollement pour me rassurer, mais me glisse soudainement : « J'avoue que t'as quand même des amis bizarres ! Ils n'ont rien à voir les uns avec les autres. Ça m'a un peu étonnée. »

Et moi ? Je me suis soudainement vu flotter entre eux, m'adaptant à chaque groupe, sans jamais être complètement moi-même. Ce soir-là, j'ai compris quelque chose d'essentiel : ce n'était pas tant les autres qui m'obligeaient à me fondre dans le décor, c'était moi qui ne m'autorisais pas à être pleinement moi-même. Je ne vivais pas, je jouais un rôle.

J'ai compris que je ne montrais qu'une facette de moi-même à chaque groupe, comme un caméléon. Celui qui est multicolore mais qui s'adapte à son univers en n'exprimant que la couleur qui correspond pile au bon moment ! Et, effectivement, chacun de mes amis n'avait accès qu'à un bout de qui j'étais vraiment ! Je n'étais pas une reine de l'adaptation. J'étais une experte en camouflage.

Cette qualité, que je trouvais admirable, s'est révélée être une prison invisible.

Pire, sans m'en rendre compte, je m'étais enfermée dans le piège de la suradaptation. Si je fais un petit bilan, ça donne :

- des études pour faire bien (avocat, ça claque, non ?) et pas celles dont j'avais envie (vétérinaire, mon rêve depuis toujours) ;
- des emplois dans des environnements qui ne me convenaient pas du tout (société du CAC40 – au siège, trop classe ! – mais dans un département rattaché à la finance alors que je suis au bout du rouleau face à un tableau Excel ou des calculs à faire) ;
- des fréquentations peu enrichissantes (le faux sourire sur le visage dans les afterworks alors que toi tu rêves juste de lire un bon bouquin dans ton bain) ;

- le sacrifice de moi-même, de ma personnalité et de tout ce qui pouvait trop dénoter avec mon environnement ;
- de l'épuisement +++ (tu n'écoutes pas tes besoins, donc forcément…).

Sur le long terme, cette suradaptation a entraîné chez moi une baisse d'énergie, de la démotivation, une perte de sens, des états anxieux, etc.

Pourquoi c'est important ?

La suradaptation est le piège le plus doux… et le plus traître. C'est se transformer un peu, puis beaucoup, jusqu'à oublier qui on est vraiment. On fait ça pour être aimé, pour ne pas faire de vagues, pour « passer ». Mais à force, c'est à côté de soi qu'on passe.

On perd notre étincelle. On se fatigue à jouer un rôle. Et on finit par vivre une vie qui n'a plus aucun goût.

Pourquoi fait-on ça ? On se suradapte pour être accepté, pour éviter les conflits, pour éviter de sentir qu'on est « trop » ou « pas assez ». On nous apprend à rentrer dans les cases. Mais toi ? Tu n'es pas une case. Tu es une singularité.

Parce que, réfléchissons un peu : pourquoi essaierais-tu d'être un dromadaire quand tu es un pingouin ? Ce qui te rend unique, c'est justement ce qui te distingue. Et si tu es fidèle à toi-même, les bonnes personnes – celles qui voient ta richesse – finiront toujours par te trouver.

In fine, à force de vouloir plaire à tout le monde, on finit par ne plus savoir ce que l'on veut vraiment : fatigue mentale (jouer un rôle en permanence, c'est épuisant), perte d'identité (mais je suis qui, moi, au fond ?), frustration et tristesse (parce qu'on ne vit pas pour soi, mais pour les attentes des autres)…

La vraie question à se poser, c'est à quel moment tu décides d'exister pour toi (et pas seulement pour être accepté).

Passe à l'action

Et si tu testais dès aujourd'hui le mode « moi sans filtre » ? Voici quelques exercices simples pour t'autoriser à être pleinement toi-même.

1. **Débusque tes moments de suradaptation.** Repense aux trois dernières fois où tu t'es lissé, censuré ou caché. Note-les. Pas pour te juger. Juste pour les voir en face.
2. **Fais l'expérience d'être toi-même.** Choisis une situation (une réunion, une discussion, un message…), où tu vas exprimer une opinion ou un besoin sans filtre. Même si c'est léger.
3. **Observe ce qui se passe… vraiment !** Est-ce que les gens t'ont rejeté ? Ont-ils levé un sourcil ? Ou t'ont-ils simplement écouté ? Est-ce que la réaction des autres était aussi négative que tu l'avais imaginée ?
4. **Avance par petits pas.** Fixe-toi un mini-défi pour la semaine prochaine : où et quand vas-tu oser être plus authentique ?

Synthèse

S'adapter ? Oui. Mais te perdre pour plaire ? Non.
Tu n'as pas été conçu pour être fade, neutre ou lisse. Tu as été conçu pour rayonner dans ta couleur unique. Tu n'as pas à te cacher pour être accepté et avoir de la valeur.
Ce qui fait ta force, ce n'est pas ta capacité à te fondre dans la masse. C'est ta capacité à être pleinement toi-même.
Alors, prêt à troquer tes écailles de caméléon pour ta vraie peau ?

10

Sortir du piège de la victimisation

« Être responsable de sa vie,
c'est cesser de blâmer le monde et choisir d'agir. »

Histoire vraie

Il est tellement facile de se glisser dans le rôle de la victime. Quand on se dit victime, plus besoin d'agir. Tout devient la faute des autres, de la société, des circonstances. On se libère ainsi du poids de la responsabilité, mais ce qu'on ne voit pas, c'est qu'on renonce aussi à notre pouvoir.

À 20 ans, je me considérais comme une jeune femme positive et ambitieuse. La preuve, j'avais des amis, un petit ami, une vie sociale bien remplie. Je faisais des études de droit à la fac, un cursus exigeant et sélectif, mais je m'en sortais. Toujours volontaire, toujours partante, j'aimais penser que j'étais forte, indépendante, bien dans mes baskets.

Pourtant, au fond de moi, une voix ne cessait de murmurer : « Pourquoi moi et pas les autres ? Pourquoi est-ce toujours plus dur pour moi ? De toute façon, il n'y a qu'à moi que ça arrive. Et puis, personne ne s'intéresse à moi. Personne ne me comprend ».

J'avais le sentiment de me battre sans cesse contre un système injuste. Extérieurement, j'étais pleine d'énergie, mais intérieurement, je ruminais souvent : « J'en ai marre ! Tout est tellement facile pour les gens et moi je rame, rame sans arrêt. Ces cons ne se rendent vraiment pas compte de ce que c'est qu'être sourde ! ».

Avec mes amis sourds, on faisait des soirées plaintes. Et nous partagions tous le même constat : les efforts semblaient toujours venir de notre côté. L'accessibilité, censée nous faciliter la vie, ressemblait davantage à une promesse creuse qu'à une réalité tangible. Quelle vaste fumisterie ! On se retrouvait à échanger nos frustrations, à ressasser les injustices, à pointer du doigt ce monde qui ne faisait pas assez. Dans ces instants-là, je me sentais moins seule, enfin comprise. Et quelque part, ça faisait du bien. Hélas, une fois seule chez moi, rien n'avait changé. Sauf la petite boule de colère et d'impuissance qui grossissait.

Un jour, n'en pouvant plus, j'ai partagé mes frustrations avec mon père. Il m'a écouté quelques minutes avant de m'interrompre et de me demander droit dans les yeux : « Très bien, tu te plains. Et maintenant, c'est quoi la suite ? ».

Silence. Aucune réponse ne me venait. Et pour cause : je n'en avais pas ! Je n'avais tout simplement jamais trouvé comment construire la suite. C'est là que tout coinçait. Comment sortir de cette impasse ? Changer toute une société qui semble sourde à nos besoins, injuste, figée ? Ça me paraissait tout simplement impossible.

Sur le moment, j'ai trouvé ça injuste. Je me suis sentie incomprise. Cependant, avec du recul, j'ai compris : mon père ne voulait pas minimiser ce que je vivais. Il voulait me montrer que j'avais un choix.

Lorsqu'il m'a ensuite proposé des solutions, aucune ne m'a semblé valable. Tout sonnait creux, à côté de la plaque. Je n'ai rien retenu, rien voulu entendre. Agacée, j'ai même soupiré bruyamment, quitté la pièce en claquant la porte, emportant avec moi mes pensées en boucle. À ce moment-là, c'était évident pour moi : il ne comprenait rien. Comment aurait-il pu, de toute façon ? Je le voyais comme quelqu'un de trop centré sur lui-même pour faire preuve de la moindre empathie.

Jusqu'au jour où je suis tombée sur un article parlant de victimisation. En lisant le titre, j'esquisse un sourire et me dis en mon for intérieur que je ne suis pas concernée. Non, je ne suis *pas* une victime moi… Malgré tout, une part insidieuse de moi avait quand même envie d'en lire plus, comme si je prenais un plaisir inavouable à espionner la vie des gens et me délecter d'être au-dessus de la masse.

L'article concerné listait quelques signaux d'alerte montrant qu'une personne est dans un processus de victimisation. De mémoire, cela ressemblait à ça :

- tu penses que les autres sont responsables de ton mal-être ;
- tu te plains souvent, et de plus en plus, mais rien ne change ;
- tu rumines ;
- tu veux qu'on t'écoute, mais pas forcément qu'on te secoue ;
- tu te sens souvent incomprise, isolée, « à part ».

Chaque phrase semblait résonner étrangement en moi, comme si, sans le vouloir, elles venaient pointer du doigt mes propres comportements. J'ai senti mon ventre se nouer. Et si, en réalité c'était moi qui me positionnais en victime ? Cette pensée m'a frappée de plein fouet. Elle faisait écho à ce que je ressentais depuis un moment : cette impression désagréable de stagner, de ne pas avancer comme je l'aurais voulu dans la vie.

Alors, curieuse et un peu troublée, j'ai commencé à creuser. Et plus j'en apprenais sur la posture de victime, plus je me retrouvais dans certains comportements. Aïe ! Ça piquait un peu. Mais ça faisait sens.

- **Je cherche à attirer l'attention.** J'adore raconter ma vie et, quand je la raconte, je comprends que je cherche surtout à éveiller la pitié des autres et, par ce biais, je me confirme inconsciemment que je ne peux pas résoudre mes problèmes moi-même.

- **Je n'assume pas mes responsabilités.** Ce n'est jamais ma faute quand je vis une situation inconfortable pour moi. Moi, j'ai fait tout ce qu'il fallait faire... Mais je n'ose pas affronter les autres. Ruminer est ma réponse classique !
- **J'accuse les autres de mes malheurs.** J'ai presque toujours l'impression que le monde entier est contre moi. Personne ne pense comme moi, personne n'est capable de se mettre à ma place. Je perds toute objectivité et il m'arrive de modifier inconsciemment l'histoire pour me placer confortablement dans le rôle de victime, dont j'ai l'habitude.
- **Intérieurement, je me plains constamment.** Je suis facilement contrariée, blessée. Sans m'en rendre compte, j'exagère ce qui me fait mal, ce qui me dérange. Quelques amis courageux m'ont déjà dit « Ah bon ? ! Moi, je ne l'ai pas compris comme ça ! Ça m'étonne quand même... J'ai l'impression que tu exagères un peu... ». Et même quand les choses vont bien, je trouve facilement quelque chose à redire. J'étais par exemple odieuse avec les serveurs au restaurant. J'adorais trouver la petite bête et le leur faire remarquer haut et fort.
- **Je rumine en revivant sans cesse des moments difficiles où j'étais en position de victime.** Je n'oublie pas les moments difficiles du passé. J'ai du mal à prendre de la distance par rapport à ces situations, à passer au-dessus. C'est un peu comme quand on a mal au bout d'un doigt, tout le corps va bien, mais l'attention est dirigée à cet endroit. Je ressasse encore et encore ce sentiment d'infériorité, d'injustice ressenti. J'ai l'impression d'être la seule que l'on rabaisse et que l'on maltraite.
- **J'attire les personnes qui me ressemblent.** On le dit souvent : qui se ressemble s'assemble. Je comprends que mes deux meilleures amies sont aussi dans un schéma compliqué : soit elles sont dans un rapport de force avec une

personne malsaine, soit elles ont perdu toute confiance en elles à cause de leur handicap. Nous nous soutenons mutuellement mais, pour autant, notre amitié ne change rien à nos problèmes respectifs.

Admettre cela fut un énorme choc, mais ce fut aussi le début d'un changement. Je ne voulais plus être définie par mes plaintes. J'ai décidé de reprendre le contrôle.

Pourquoi c'est important ?

La victimisation est un piège insidieux : elle te donne l'impression que le monde est contre toi, que rien ne peut changer. En réalité, même s'il soulage un moment, le rôle de victime t'enlève ton pouvoir.

Bien sûr, parfois, tu es victime d'un système injuste. Mais rester dans cette position… revient à offrir ton destin à celles et ceux qui t'ont blessé. Et si tu veux bouger, pas d'autre choix que de sortir du canapé des plaintes !

Pourquoi tombons-nous dans la victimisation ?

- Le confort de l'impuissance : si tout est la faute des autres, alors – nous – on n'a rien à changer. Ça rassure, mais ça nous bloque.
- L'habitude : parfois, on a tellement entendu qu'on était une « victime » qu'on finit par l'intégrer comme une vérité absolue.
- Le besoin de reconnaissance : dire qu'on souffre, c'est aussi une façon d'attirer l'attention et de chercher du soutien… mais si ça devient une identité, ça nous enferme et ça n'attire pas la solution.

Sortir de ce cercle vicieux, c'est reprendre la responsabilité de ta vie. Cela ne veut pas dire nier tes difficultés ou ignorer tes émotions, mais choisir de te concentrer sur ce que tu peux changer, plutôt que sur ce qui ne dépend pas de toi.

Passe à l'action

Et si, dès aujourd'hui, tu sortais de ce rôle, pour passer de spectateur à acteur de ta vie ? Voici quelques exercices pour reprendre les commandes et sortir du piège de la victimisation.

1. **Repère tes réflexes Caliméro.** Note trois situations récentes où tu t'es senti impuissant. Quelles sont les phrases que tu te répètes souvent (« C'est toujours pareil », « Je n'ai jamais de chance », « Ils ne comprennent rien ») ? Dans quelles situations as-tu tendance à te sentir impuissant ? Sois honnête : dans ces moments-là… tu voulais une solution ou une oreille ?
2. **Change ton discours intérieur.** Choisis une de ces situations et reformule ton récit en mode « acteur ». Quelle petite action puis-je faire pour reprendre du pouvoir sur l'une de ces trois situations qui me pèsent ?
3. **Passe à l'action immédiatement.** Il peut s'agir d'une mini-action, d'un micro-changement, mais *fais* quelque chose. Un mail, une conversation, un « non », un « stop », un « je veux ça ». Même minuscule, c'est déjà un pas hors du costume de victime.
4. **Projette-toi dans six mois.** Si tu sors de la posture « je subis »… Si tu prends ta place, avec courage et authenticité… À quoi ressemblerait ta vie ? Quelle version de toi serait fière de ce changement ?

Synthèse

Chaque jour, tu as un choix : Continuer à (te) raconter ton histoire en mode « victime » ou décider de reprendre le stylo et d'écrire une nouvelle page. Ce n'est pas facile, ce n'est pas instantané, mais c'est possible. Reprends le contrôle, transforme tes plaintes en actions et redécouvre ta propre puissance. Accepte juste que tu ne puisses pas tout changer d'un coup.

Surtout, souviens-toi que tu es plus fort que tu ne le crois et chaque petit pas vers l'action te rapproche d'une vie où tu te sentiras libre et épanoui.

11

Comprendre sa boussole intérieure

« Écouter ses émotions, c'est écouter la vie qui s'exprime en soi. »

Histoire vraie

Pendant des années, j'ai cru que mes émotions étaient des bugs, des interférences gênantes, des perturbations qu'il fallait contenir pour avancer dans la vie. Colère, tristesse, peur, même joie… Tout ça me semblait avoir assez peu de sens. Or, plus je les ignorais, plus elles frappaient à ma porte, et surtout arrivaient souvent au pire moment.

Un jour, je me retrouve clouée au lit par une migraine atroce, comme si mon corps voulait m'obliger à tout stopper et à me poser les bonnes questions. Tout avait commencé par des petits signes : un mal de tête récurrent ici, une tension dans les épaules là. Mais je n'y prêtais pas attention. Je pensais : « C'est normal, c'est la vie. Chienne de vie ! Mais bon, allez, on continue. »

Pourtant, à force d'ignorer ces signaux, ils se sont amplifiés, jusqu'à me forcer à m'arrêter et écouter. Non, ce que je ressentais n'était pas normal ! Ce jour-là, j'ai compris que mes émotions étaient en train de me hurler quelque chose : ma vie n'allait pas du tout dans la bonne direction ! Ce moment a marqué un tournant. Je me suis promis d'arrêter de fuir ce que je ressentais.

Et surtout, c'est là que j'ai découvert ce secret puissant : nos émotions sont là pour nous guider. J'ai commencé à les identifier comme des messages, des indices sur ce qui se passait à l'intérieur de moi.

Pourquoi c'est important ?

Le mot « émotion » vient du latin *motio* qui signifie mouvement. C'est littéralement ce qui te fait bouger, réagir, choisir, changer. C'est ton langage secret, ton radar. Et si tes émotions n'étaient pas un problème, mais ton GPS intérieur ? Une émotion ne te crie jamais « attention » pour rien. Elle te dit simplement : « Regarde ici. Il se passe quelque chose. »

En réalité, si on regarde bien, les situations que nous vivons sont toujours neutres : ni positives, ni négatives… Ce sont tes émotions qui vont les colorer. Et chacune – qu'elle soit positive ou négative – porte donc un message. Elle est là pour attirer notre attention sur un besoin, un déséquilibre ou une direction à prendre.

- **La joie** t'indique que tu es sur le bon chemin. C'est un signal clair que tes besoins sont comblés et que tu te sens bien dans ton environnement. Elle t'apporte connexion, motivation et confiance.
- **La peur** te protège et t'avertit d'un danger. Ce n'est pas un obstacle, mais un appel à agir, anticiper et te préparer. Ton besoin : sécurité, protection, anticipation, et oser explorer en toute confiance.
- **La colère** te signale qu'une limite personnelle a été dépassée. Elle t'invite à exprimer clairement tes besoins, tes valeurs et à agir pour changer une situation insatisfaisante. Ton besoin : être entendu, respecté, poser tes limites et défendre tes valeurs.

- **La tristesse** survient après un changement ou une perte. Elle t'aide à ralentir, à guérir, à prendre soin de toi pour accepter ce qui a changé et à libérer de l'espace pour accueillir du nouveau dans ta vie. Ton besoin : réconfort, repos, guérison et renouveau.

Quand une émotion apparaît, demande-toi quel message elle essaie de te transmettre.

En pratique, on nous apprend souvent à les ignorer. Dès l'enfance, on nous dit de nous calmer ou d'arrêter de pleurer. Adulte, on valorise celles et ceux qui contrôlent leurs émotions, qui ne laissent rien paraître. Pourtant, en refoulant ce langage intérieur, nous nous privons d'un outil essentiel pour naviguer dans la vie.

Comprendre et accueillir ses émotions, ce n'est pas une faiblesse, c'est une force. Tes émotions te parlent en premier quand quelque chose cloche. Avant même que ton cerveau comprenne quoi, ton corps le sait. Écouter ce que tu ressens, c'est redevenir l'expert de ta propre vie.

Passe à l'action

Et si tu testais dès aujourd'hui une nouvelle façon d'écouter tes émotions ? Voici quelques exercices simples pour mieux comprendre ce que ta boussole intérieure essaie de te dire.

1. **Apprends à bien vivre tes émotions.** Pour cela, il faut d'abord identifier ton émotion. Quelle est l'émotion que tu ressens en ce moment ? Est-ce une émotion forte ou diffuse ? Ensuite, tu dois chercher à comprendre son message. Qu'est-ce que cette émotion essaie de te dire ? As-tu besoin d'agir ou juste d'accueillir cette émotion ? Enfin, tu dois réagir consciemment. Demande-toi comment peux-tu utiliser cette émotion pour avancer. Quelle action concrète peux-tu mettre en place ?

• • •

2. **Passe le test des 24 h.** Pour savoir si une émotion est un signal ou juste une réaction passagère, attends 24 heures. Si une émotion revient régulièrement, c'est un vrai signal. Si une émotion laisse une sensation physique (tensions, boule au ventre), c'est qu'elle a un message à délivrer. Si tu ressens la même chose dans différentes situations, il y a un schéma à analyser. Une émotion intense disparaît souvent avec le temps. La prochaine fois que tu ressens une émotion forte, attends donc 24 h avant de réagir. Est-ce qu'elle est restée ou est-ce qu'elle t'envoyait un signal momentané ?
3. **Ouvre un journal des émotions.** Pendant une semaine, note chaque jour une émotion que tu ressens. Qu'est-ce qui l'a déclenchée ? Quel message pourrait-elle te transmettre ?
4. **Exprime ton émotion sans jugement.** Si tu ressens une émotion, trouve une façon de l'exprimer : écris, parle à quelqu'un ou dessine ce que tu ressens.
5. **Crée ton dictionnaire personnel des émotions.** Repère quelles émotions reviennent souvent chez toi et demande-toi ce qu'elles t'apprennent sur toi-même.

Synthèse

Tes émotions ne sont pas là pour te pourrir la vie. Elles sont là pour t'aider à mieux la vivre, te guider pour t'aider à comprendre ce qui est bon pour toi et ce qui ne l'est pas.

Maintenant, tu peux choisir de les ignorer ou les écouter et avancer plus libre. Choisis bien ton camp parce que tu ne pourras plus dire que tu ne savais pas…

12

Enlever le masque toxique de la force

« L'acceptation est un acte de courage, pas de faiblesse. »

Histoire vraie

Pendant des années, j'ai cru que « prendre sur moi » était une force, une manière de montrer que j'étais résiliente, capable et courageuse. Je pensais que serrer les dents, ne rien montrer et avancer coûte que coûte était la marque des *warriors*. J'étais l'exemple parfait de ce qu'il ne faut surtout pas faire !

Petite illustration très parlante : mes huit premières années de vie professionnelle. Tu le sais, j'ai une surdité profonde de naissance. Traduction : je n'entends rien d'exploitable, même avec mes appareils ! Le seul moyen pour moi de comprendre est de passer par la lecture labiale.

J'imagine que si je te dis que je n'ai besoin d'aucun aménagement de poste, tu vas me rire au nez. Bah oui, « Virginie, tu fais comment avec le téléphone ? Les réunions où tout le monde parle en même temps ? ». Et tu auras raison.

C'est pourtant le choix que j'ai fait pendant toutes ces années. Je refusais catégoriquement tout aménagement de poste. C'était pour moi une preuve de faiblesse, la démonstration même que j'étais forcément moins compétente que les autres parce que, moi, j'avais besoin d'aide.

Je croyais que tout gérer seule était la seule manière d'être pleinement acceptée, d'être respectée. Mes collègues n'avaient aucune idée de mes difficultés. Normal, je ne disais rien et surcompensais à mort : je travaillais deux fois plus pour rattraper ce que je n'avais pas compris et prouver que j'étais à la hauteur. Je faisais même semblant de tout comprendre.

Le pire, c'est que j'y arrivais. Je faisais parfaitement illusion et j'étais brillante professionnellement. J'avais des augmentations de salaire quasiment chaque année. Mais à quel prix ? Je suis même allée jusqu'à accepter mon pire cauchemar : travailler en anglais ! Même avec une bonne lecture labiale, impossible de comprendre quoi que ce soit. Il faut dire que c'était quand même la super classe : j'avais *the* job, dans le meilleur service juridique d'Europe ! Celui que tout le monde m'enviait…

Mes amis sourds me disaient tous : « Nan mais vas-y, réclame des aménagements de poste ! Tu vas voir la différence. »

J'ai fini par changer de job et j'ai profité de cette occasion pour sauter enfin le pas. J'ai accepté de faire une demande : six mois d'attente pour obtenir mes aides. Ce délai m'a permis de comparer ma situation avant/après sur un même poste. C'était le jour et la nuit.

Pour autant, j'ai mis deux ans de plus à comprendre qu'en refusant cette aide si longtemps, j'étais en train de me brûler complètement les ailes et que je n'aurais pas pu tenir encore très longtemps si je n'avais pas mis le genou à terre ! La vérité, c'est que je faisais la warrior, mais j'étais en train de m'effondrer en silence. J'étais la candidate idéale pour un bon *burn-out*.

Le prix à payer pour vouloir être toujours « forte ».

- Fatigue émotionnelle : se taire en permanence est frustrant et épuisant.
- Isolement : on croit qu'on protège les autres, mais on s'éloigne d'eux pour qu'ils ne voient pas à quel point on galère.
- Explosion tardive : ce qu'on cache finit toujours par ressortir, souvent plus violemment ; et ce sont nos proches qui prennent.

Finalement, est-ce que cacher ma vulnérabilité en valait vraiment la peine ?
Depuis, j'ai pris une décision : arrêter de prendre sur moi et m'accepter pleinement. J'ai demandé des aménagements de poste. J'ai appris à exprimer mes besoins sans honte. Pour la première fois, j'ai enfin ressenti un véritable sentiment de liberté. Ce n'était pas facile, certes, mais c'était le début de ma renaissance.

Pourquoi c'est important ?

Prendre sur soi n'est pas une preuve de courage. C'est un masque, un piège de l'ego, un camouflage qui nous empêche d'affronter la réalité et de nous connecter à nos émotions. La vraie force, c'est d'oser se regarder en face, d'accepter ce que l'on ressent et de prendre des actions alignées avec nos besoins, pour prendre soin de nous.
Au fond, être fort, c'est :

- reconnaître ses émotions au lieu de les fuir ;
- oser se regarder en face et dire « je ne vais pas bien » quand c'est le cas ;
- accepter l'aide des autres sans se sentir faible ;
- savoir poser ses limites et dire non.

La vraie force, ce n'est pas l'invincibilité. C'est le courage d'être pleinement soi-même.
L'acceptation ne signifie pas la résignation. C'est un acte courageux et actif, une promesse que tu te fais à toi-même pour créer une vie qui te ressemble. Endurer, c'est refuser de lâcher le passé et t'enfermer dans le silence. Accepter, c'est reprendre la main sur ton présent et construire un futur différent.
La différence entre les deux ? L'action. Quand tu acceptes pleinement une situation, tu peux agir dessus. Quand tu te contentes de « prendre sur toi », tu restes figé, prisonnier d'une situation inconfortable et de ton propre silence.

Passe à l'action

Et si tu testais dès aujourd'hui ce que ça fait d'être vraiment courageux ? Voici quelques exercices simples pour enlever progressivement le masque de la « fausse force ».

1. **Repère tes moments de camouflage.** Note trois situations où tu as fait semblant d'être fort alors que tu ressentais autre chose. Qu'est-ce que tu aurais aimé dire ou faire à la place ? Qu'est-ce qui t'a poussé à agir ainsi ? Qu'est-ce que ça t'a coûté, mentalement et physiquement ? Comment pourrais-tu exprimer cela en toute sécurité ?
2. **Exprime une émotion sans filtre.** Regarde-toi dans les yeux et demande-toi quelles émotions ou vérités tu es en train d'éviter. Écris-les sur un papier sans jugement. Identifier tes ressentis est le premier pas vers l'acceptation. La prochaine fois que tu ressens une émotion négative (colère, tristesse, frustration), demande-toi quel est le message derrière cette émotion et quel besoin elle essaie de te montrer. Ensuite, prends une action pour répondre à ce besoin. Enfin, cette semaine, prends un moment pour dire à quelqu'un ce que tu ressens vraiment (fatigue, stress, joie, etc.).
3. **Accepte un coup de main.** Demande une aide simple cette semaine. Pas parce que tu ne peux pas t'en sortir, mais parce que tu n'as pas à t'épuiser pour être digne.
4. **Réécris ta définition de la force.** Trouve une personne – réelle ou fictive – qui incarne l'acceptation et la transformation. Par exemple, Olivier Goy et son « Carpe Diem » face à la maladie. Laisse-toi inspirer par leur manière de rebondir. Écris une phrase qui définit ce qu'est la vraie force pour toi et fais-en un mantra.

Synthèse

Arrête de croire que tu dois être invincible pour être fort, que tu dois en baver pour mériter ta place, ou tout encaisser pour être aimé.
Le vrai courage, c'est d'être humain, d'accepter d'avoir des failles, d'oser demander du soutien, d'avancer avec tes forces et tes vulnérabilités. Ce n'est qu'en ôtant ce masque toxique que tu découvriras la puissance d'être pleinement toi-même. Crois-moi sur parole, c'est le plus beau cadeau que tu puisses te faire.
Ne confonds pas l'obstination avec le courage. L'une te fige, l'autre te libère.
L'aventurier Mike Horn aime dire que « les choses que l'on ne peut pas changer ne doivent pas être notre souci » et que « ce sont les choses que l'on peut changer qui doivent devenir notre souci ».
Tu veux être fort ? Alors, enlève ce masque. Lâche le faux « tout va bien », choisis la puissance de la vérité et agis en conséquence.

13

La handicapitude : trouver l'équilibre entre adaptation et authenticité

« Naviguer entre normalitude et handicapitude,
c'est créer un équilibre qui respecte qui tu es. »

Histoire vraie

Où en es-tu avec ta handicapitude et ta normalitude ? Difficile à dire ? Peut-être parce que ces mots n'existent pas vraiment ? Ou alors, ne les avais-tu encore jamais croisés ? À vrai dire, je les ai inventés. Ou plutôt, je les ai laissés venir, en m'appuyant sur ce terme qu'on utilise de plus en plus entre personnes sourdes : la surditude. Cela ne correspond pas juste au fait de ne pas entendre. C'est une manière de vivre la surdité avec fierté, en faisant partie d'une communauté qui a sa propre langue (la langue des signes), sa culture, son histoire, et une autre façon de voir le monde, riche de cette différence.
Ce concept est lui-même inspiré par Aimé Césaire, un célèbre intellectuel et poète antillais. Dans les années 1930, il a apporté le terme de négritude pour expliquer ce qu'il, et ses semblables avec lui, vivaient : « Être Noir n'est pas simplement une couleur de peau, cela implique une façon d'être au monde, de le voir et de le vivre différemment de celui des Blancs. »

Alors j'ai eu envie d'imaginer ce que pourraient être la handicapitude et la normalitude. Je suis donc partie de l'idée qu'il existe deux façons de naviguer dans la vie : la *normalitude* d'une part, cette envie (ou la pression) de se fondre dans le décor, de minimiser son handicap pour être accepté, de faire semblant d'être normal ; la *handicapitude* d'autre part, c'est-à-dire ce moment où l'on affirme notre singularité, où l'on vit selon nos propres règles, en adéquation parfaite avec nos besoins et nos limites.

Pendant des années, je me suis perdue dans cette normalitude, croyant qu'elle était la clé pour réussir et être acceptée. Toute la journée, je faisais en sorte que personne ne se rende compte de mes difficultés, je ne voulais surtout pas déranger avec. Hélas, à force de vouloir me fondre dans un moule qui n'était pas fait pour moi, j'ai fini par m'épuiser. Ce n'est que lorsque j'ai commencé à reconnaître et à valoriser mon handicapitude que j'ai trouvé un équilibre.

Un soir, après une réunion professionnelle en mode ninja, concentrée à ne pas manquer une seule information, à anticiper chaque difficulté due à ma surdité, j'ai senti que j'étais à bout. La normalitude poussée à l'extrême.

Quelques jours plus tard, pourtant fatiguée, j'ai passé ma soirée avec des amis sourds. La table du restaurant était ronde, nos conversations étaient fluides, sans effort, sans barrières. J'étais dans mon handicapitude : un espace où les règles me convenaient naturellement, où je n'avais pas à m'adapter. La différence était flagrante. Ce soir-là, je suis rentrée pleine d'énergie, le cœur léger, la tête claire.

C'est à ce moment-là que j'ai compris : jongler entre ces deux mondes n'est pas une faiblesse, c'est une force. Néanmoins, pour que cela fonctionne, il faut le faire consciemment. Il faut savoir à quel moment basculer et, surtout, respecter ses besoins dans le processus.

Pourquoi c'est important ?

La normalitude et la handicapitude représentent deux réalités opposées. **La normalitude**, c'est quand tu joues le jeu social à fond. Tu t'adaptes, tu fais bonne figure… mais souvent, tu te perds un peu. Et surtout tu consommes beaucoup d'énergie. **La handicapitude**, c'est quand tu arrêtes de t'excuser d'exister. Tu fais de ta singularité un mode de vie, pas une contrainte. C'est ton espace de liberté, où tu peux être pleinement toi-même sans effort.

Pourquoi assumer sa handicapitude peut être un super-pouvoir ?

- tu gagnes en énergie (moins de masques, moins d'efforts inutiles) ;
- tu crées des connexions sincères (tu n'as plus besoin de faire semblant) ;
- tu imposes naturellement le respect (tu te respectes toi-même) ;
- tu inspires les autres (ta liberté devient contagieuse).

Le vrai défi n'est pas de choisir entre les deux, mais d'apprendre à naviguer consciemment entre ces zones. En comprenant tes besoins et en ajustant ton environnement, tu peux trouver un équilibre entre confort personnel et intégration sociale.

Pour savoir si tu trouves le bon équilibre, pose-toi ces questions : est-ce que je m'adapte par choix ou par contrainte ? Est-ce que je me sens bien dans cette situation ou est-ce que je me force ? Si je ne m'adapte pas, quelles sont les conséquences réelles ? Sont-elles aussi graves que je le pense ? Si je revendique ma singularité, est-ce que cela m'apporte plus de liberté ou plus de blocages ?

L'équilibre n'est pas un dosage parfait avec 50 % adaptation et 50 % affirmation. C'est celui qui te permet de rester aligné avec toi-même sans t'épuiser.

Passe à l'action

Et si tu découvrais ton propre équilibre entre adaptation et affirmation ? Voici quelques exercices simples pour t'aider à ajuster ta handicapitude de manière consciente et choisie.

1. **Identifie tes deux zones.** Dessine un tableau en deux colonnes. Dans la première, note les situations où tu te sens en handicapitude (à l'aise, aligné avec tes besoins). Dans la seconde, liste les moments où tu es en normalitude (en effort d'adaptation). Qu'est-ce que ça dit de tes besoins ? De tes choix ? Pour t'aider, identifie dans quelles situations tu as tendance à trop t'adapter et dans quelles situations tu as déjà assumé ta singularité.
2. **Observe ton énergie.** Après chaque interaction ou situation, demande-toi comment est ton énergie. Si tu te sens vidé, c'est que tu es resté trop longtemps dans ta normalitude. Ajuste ton quotidien pour équilibrer les deux et demande-toi à quels moments tu t'es senti bien dans ton équilibre entre adaptation et affirmation. Comment peux-tu reproduire ces moments plus souvent ?
3. **Assume ton handicapitude.** La prochaine fois que tu sens que tu t'adaptes trop, stop ! Pose une limite, exprime un besoin, même petit. Résultat, tu vas gagner en confiance. Et spoiler : les gens s'adaptent.
4. **Prends soin de toi.** Quand tu sens que ta normalitude te pompe toute ton énergie, offre-toi une pause en handicapitude. Que ce soit une conversation avec un pair, une activité qui te ressource ou un moment seul, ces instants te permettront de te recentrer. Ce n'est pas de la fuite, c'est ton oasis.

Synthèse

Il n'y a pas de « bonne » façon d'être en situation de handicap. Il n'y a que la façon qui te correspond à toi.

Tu n'as pas à choisir entre être « comme tout le monde » et « assumer ta différence ». Tu as le droit d'être mouvant, de switcher, de doser. La handicapitude, ce n'est pas un repli, une posture militante, c'est un espace de reconnexion à toi. Là où tu peux exister pleinement et sans efforts. La normalitude n'est pas une trahison, c'est une adaptation nécessaire mais ponctuelle… sauf si tu t'y perds.

Ton seul vrai job : rester fidèle à toi-même sans t'épuiser. Teste, ajuste, expérimente librement pour trouver ce qui te va !

14

Donner son mode d'emploi

« La clarté est le pouvoir. Quand tu expliques comment tu fonctionnes, tu crées un pont entre les autres et toi. »

Histoire vraie

Pendant des années, mon handicap était un sujet délicat. Pas pour moi uniquement, mais aussi pour les personnes qui m'entouraient.

Comment réagir face à une situation que l'on ne comprend pas ? Comment agir sans me blesser ? sans être maladroit ? Ces questions, je les voyais dans leurs regards, dans leurs hésitations. Pourtant, je restais silencieuse, me sentant mal à l'aise parce que je redoutais qu'on me renvoie à mon handicap. De toute façon, qui a vraiment envie d'expliquer, encore et encore, comment la surdité affecte sa vie ?

Et puis un jour, tout a pris un autre sens. C'était lors d'une soirée entre amis, dans un bar. La musique était forte, les lumières tamisées et les conversations partaient dans tous les sens. Comme d'habitude, très vite, j'ai perdu le fil. Impossible de lire sur les lèvres, impossible de suivre les discussions. J'étais crevée ! J'en avais marre ! J'avais envie de pleurer et de partir en courant. Au lieu de ça, je me suis renfermée sur moi-même et me suis cachée dans un coin, faisant semblant de répondre à des messages sur mon téléphone, pour éviter de croiser des regards qui pourraient demander « Bah Virginie, pourquoi tu ne t'amuses pas ? ».

Une amie est venue s'asseoir à côté de moi et m'a glissé : « Tu n'as pas l'air de passer une bonne soirée. » Je n'ai pas répondu, mes larmes parlaient pour moi. Mortifiée, je l'ai embrassée et ai pris la fuite sans un au revoir.

En rentrant chez moi, j'ai eu un déclic. Cette soirée n'avait pas été agréable, mais ce n'était pas à cause des autres. C'était parce que je n'avais dit à personne que ce genre d'environnement était un vrai cauchemar pour moi. Les autres ne pouvaient pas le deviner. Surtout que, jusque-là, je faisais plutôt bonne figure.

À force de vivre ce genre de situation, d'en parler avec mes amis, d'essayer de leur faire comprendre à quoi ressemblait mon monde idéal, de percevoir la gêne des personnes qui me rencontraient pour la première fois, j'ai décidé de rédiger mon « mode d'emploi ». Une sorte de manuel pratique pour que les autres puissent mieux comprendre comment interagir avec moi à l'instant *t* et, surtout, pour que je puisse m'épanouir sans avoir à me justifier sans arrêt.

La première fois que j'ai osé dire : « Écoutez, j'aimerais qu'on choisisse un restaurant calme avec une bonne lumière et une table ronde, ça change tout pour moi ». J'étais nerveuse. Je m'attendais à un refus massif. Non seulement mes amis ont compris, mais ils ont apprécié que je partage cela avec eux. Ils voulaient être sûrs que j'allais passer un bon moment moi aussi. Depuis, je ne laisse plus aucune situation se transformer en supplice silencieux.

Pourquoi c'est important ?

Créer son mode d'emploi change la donne : les autres comprennent mieux ce que tu vis, tu n'as plus à compenser ou à faire semblant ; on évite les tensions, on gagne en fluidité et tu t'exprimes plus facilement, tu te sens légitime.
Être clair sur ton mode d'emploi, c'est offrir aux autres une clé pour te comprendre, tout en te permettant de vivre des moments plus doux et agréables, des moments où tu profites toi aussi.
Les gens ne peuvent pas deviner ce que tu vis, mais ils peuvent apprendre si tu leur expliques. Prendre le temps de définir comment tu fonctionnes, de partager ce qui te met à l'aise ou te complique la vie ; c'est un cadeau autant pour toi que pour eux. Ce n'est pas le handicap qui crée le malaise : c'est le flou, le non-dit, le « je ne sais pas quoi faire ».
Connaître ton mode d'emploi permet à la relation humaine de s'établir.

Passe à l'action

Tu aimerais que les autres comprennent mieux ton fonctionnement ? Voici comment créer ton mode d'emploi en trois étapes.

1. **Identifie ce qui est important pour toi.** Note ce que les autres devraient savoir sur toi : quels sont mes besoins essentiels (avoir du temps pour s'adapter, des pauses, etc.) ? Quels clichés sur ton handicap sont faux pour toi ? Quelles sont tes forces et qu'apportes-tu dans un groupe ? Note ce qui t'aide au quotidien : quels comportements te facilitent la vie (pour moi, c'est par exemple parler face à moi pour que je puisse lire sur les lèvres) ? Comment préfères-tu recevoir une information importante (par écrit, avec un visuel, etc.) ?

• • •

Note ce qui te met en difficulté : quels comportements te stressent ou te mettent mal à l'aise ? Quels malentendus sont fréquents avec les autres ? Comment peut-on t'aider sans que tu te sentes infantilisé ? Note tes besoins en contexte social et professionnel : dans quelles conditions te sens-tu bien (bruit, lumière, nombre de personnes, etc.) ? Qu'est-ce qui t'aide à être à l'aise et performant au travail ?

2. **Rédige ton mode d'emploi.** Fais simple et clair (« En réunion, j'ai besoin de lire sur les lèvres. Merci d'éviter de parler en même temps ou à contre-jour »). Teste-le avec une personne de confiance. Demande-lui si tout est compréhensible et adapte-le si besoin.
3. **Applique-le au quotidien.** Anticipe certaines situations : propose des environnements adaptés. Partage-le dans les contextes utiles : école, travail, sorties, etc. Entoure-toi de personnes qui respectent ton mode de fonctionnement.

Synthèse

Les autres ne peuvent pas savoir ce que tu vis si tu ne leur dis pas.
On passe notre temps à nous adapter aux attentes des autres, mais combien de fois avons-nous pris le temps de leur expliquer comment nous fonctionnons vraiment ?
Imagine si chaque personne arrivait avec un petit guide de communication expliquant ce qui l'aide, ce qui la bloque, comment elle perçoit le monde, etc. Bonne nouvelle : tu peux créer ce mode d'emploi pour toi-même.
Le rédiger est un acte de soin pour toi ainsi qu'un pas vers des échanges sincères et enrichissants.

Conclusion

Tu es arrivé à la fin de cette partie, et si tu es encore là, c'est que quelque chose en toi a bougé. Peut-être une prise de conscience, peut-être un léger inconfort, ou peut-être une envie grandissante de reprendre le contrôle ?

Ne plus subir, ce n'est pas juste un concept inspirant, c'est une posture à incarner. Tout ce que tu as exploré dans cette deuxième partie t'a amené à une question essentielle : comment veux-tu écrire la suite de ton histoire ?

Tu as appris que :

- la honte n'est qu'un filtre déformant : elle ne dit rien de ta vraie valeur ;
- la suradaptation peut être une prison si elle t'éloigne trop de toi-même ;
- te voir comme une victime t'enlève tout pouvoir, alors que te voir comme un acteur ouvre des portes ;
- tes émotions ne sont pas un problème, ce sont des boussoles ;
- être fort, ce n'est pas nier ses vulnérabilités, c'est avancer avec elles ;
- l'équilibre entre adaptation et affirmation de soi est une danse, et non une règle stricte ;
- partager ton propre mode d'emploi, c'est t'offrir une vie plus fluide et assumée.

Chaque chapitre t'a offert des clés, des outils, des pistes d'action. Que vas-tu en faire maintenant ?

Ne plus subir est un choix que l'on fait au quotidien. Bien sûr, la transformation ne se fait pas en un jour. Parfois, tu avanceras avec assurance, d'autres fois, tu retomberas dans des vieux schémas. Ce n'est pas grave. Ce qui compte, c'est que maintenant, tu sais. Tu sais que tu as le droit de t'affirmer, d'exister pleinement, de poser tes limites, de revendiquer tes besoins, d'être totalement toi-même.

À partir d'aujourd'hui, ose. Ose exprimer ce que tu ressens. Ose dire ce qui est important pour toi. Ose prendre la place qui te revient. Et surtout, rappelle-toi : tu n'as pas à t'excuser d'exister !

C'est le début d'un chemin, et la suite de ce livre va t'aider à aller encore plus loin.

Prêt à explorer comment gérer les relations difficiles avec les autres ? Alors continuons.

Éviter les conflits

3

Inconfort, désaccord, conflit. Ces mots te font-ils peur ? Te mettent-ils mal à l'aise ? Es-tu au contraire du genre à foncer tête baissée dès qu'un problème surgit ?

L'inconfort, le désaccord, le conflit, c'est la vie. Ils sont partout : au travail, en famille, dans la rue. Il y a cependant une énorme différence entre les subir et savoir les gérer avec intelligence.

Si tu as un handicap, tu as forcément vécu ces moments où tu aurais voulu t'affirmer, mais où tu as préféré te taire. Cela paraissait plus simple, tu avais peur d'être perçu comme « casse-pied », « trop exigeant » ou « à côté de la plaque ». D'accord, mais quel prix payes-tu ensuite ?

À force d'éviter le conflit, on accumule de la frustration. On accepte des situations qui nous pèsent. On laisse les autres décider pour nous.

Et si éviter le conflit ne signifiait pas fuir, mais apprendre à le gérer intelligemment ? C'est apprendre à transformer les difficultés en opportunités pour mieux communiquer, se faire respecter et avancer avec confiance.

Dans cette partie, tu vas découvrir comment t'affirmer sans agressivité, comment faire entendre ta voix sans crier et, surtout, comment transformer les tensions en opportunités pour mieux te faire respecter.

Prêt à ne plus laisser les autres dicter tes réactions ? Alors, c'est parti.

15

Faire preuve d'assertivité

« Défendre tes droits n'est pas une agression.
C'est un acte de respect envers toi-même et les autres. »

Histoire vraie

Je me souviens parfaitement du jour où j'ai découvert ce mot « assertivité ». C'était un matin lumineux sur une terrasse en Grèce où j'étais en compagnie d'un ami sourd. Nous savourions un petit-déjeuner en contemplant la mer, quand il me glissa, avec un grand sourire : « L'assertivité, ça a vraiment changé ma vie ! ». Sur le moment, je n'ai pas réagi. Ce mot m'était étranger et sonnait comme un concept compliqué, bien loin de mes préoccupations de vacancière.

Il a renchéri, loin de se décourager : « Être assertif, c'est savoir exprimer ce que tu ressens, dire ce que tu veux, poser des limites… sans être agressif. C'est apprendre à se faire entendre, tout en respectant les autres. » Et avec ses mots, il avait réussi à m'intriguer.

Je ne comptais plus les fois où j'avais ressenti de la frustration, de l'incompréhension, ou même de la colère face à des situations où mon handicap me rendait vulnérable. Ni celles où j'avais gardé le silence pour éviter des conflits. J'avais si souvent eu le besoin de dire « stop » ou d'exprimer ce que je ressentais, sans savoir comment m'y prendre. Trop souvent, je me taisais ou, à l'inverse, je réagissais avec frustration et agressivité.

Et là, entre deux gorgées de café, cet ami m'a raconté comment il avait appris à exprimer ses besoins sans culpabilité, à poser des limites tout en restant bienveillant, à transformer les tensions en opportunité pour mieux communiquer. Une sorte de magie relationnelle, un équilibre entre affirmation de soi et respect de la relation. La baguette magique, quoi !

Très vite, j'ai voulu essayer moi aussi. La première fois, c'était dans une réunion où plusieurs personnes parlaient en même temps. Impossible de suivre. J'ai pris une grande inspiration et dit calmement : « Excusez-moi, j'ai besoin qu'on parle chacun à son tour pour que je puisse suivre. »

Les regards se sont tournés vers moi, J'ai cru que tout le monde allait lever les yeux au ciel et soupirer. À ma grande surprise, on m'a écoutée. Certains m'ont même remerciée d'avoir osé le dire. Ce jour-là, j'ai compris une chose essentielle : se taire pour éviter les problèmes ne fait que les amplifier.

Pour autant, la solution n'est pas non plus d'exploser de colère. La clé, c'est l'assertivité : savoir s'exprimer avec clarté et fermeté, sans agressivité. C'est une clé pour se faire entendre sans imposer, exister sans s'écraser.

Pourquoi c'est important ?

Tu en as marre qu'on t'interrompe, qu'on décide à ta place, qu'on minimise tes besoins ? Peut-être que tu as appris à encaisser, à faire semblant de ne pas être affecté. Peut-être que tu préfères éviter le conflit plutôt que de risquer de passer pour une personne « trop exigeante ». Pourtant, à force de ne rien dire, tu t'effaces. Ou alors tu t'énerves au quart de tour et on te fuit. La bonne nouvelle, c'est qu'il existe une alternative : l'assertivité. Pas besoin d'agressivité. Pas besoin de se justifier sans cesse. Juste de la clarté.

L'assertivité, c'est la voie du milieu : on existe pleinement, sans écraser personne.

Pour comprendre comment devenir assertif, il faut d'abord identifier les quatre différents styles de communication, une classification qui a été popularisée dans les années 1960-1970, notamment grâce aux travaux de Thomas Gordon (formateur en communication) et de Marshall Rosenberg (créateur de la communication non violente).

Voici un aperçu des principales attitudes, leurs logiques et les conséquences qu'elles entraînent.

Style de communication	Attitude	Conséquences
Passif	Se tait, évite les conflits	Frustration, manque de respect
Agressif	Imposant, sur la défensive	Tensions, peurs chez les autres
Manipulateur	Joue sur les émotions, flou	Relations faussées, méfiance
Assertif	Clair, calme, respectueux	Confiance, respect, fluidité

Passe à l'action

Voici cinq exercices simples mais puissants pour commencer à t'affirmer dès aujourd'hui.

1. **Teste ton assertivité.** D'abord, reconnais tes schémas de réaction dans les situations liées à ton handicap. Dans quelles situations as-tu tendance à ne pas t'affirmer ? Quels sont les moments où tu ressens de la frustration parce que tu n'as pas osé dire ce que tu pensais ? Puis observe tes comportements à ces moments-là. Par

• • •

exemple si on ne te laisse pas la parole lors dans un repas de groupe, es-tu plutôt du genre à te taire (passif), à hausser le ton pour interrompre (agressif) ou à faire semblant d'écouter sans suivre (suradapté) ? Enfin, identifie les situations où ces réactions te desservent et réfléchis à des alternatives assertives, c'est-à-dire à comment tu pourrais les transformer en affirmations calmes et claires.

2. **Adopte une communication assertive.** Identifie une situation où tu n'oses pas exprimer tes besoins. Note une phrase assertive que tu pourrais dire à la place. Exprime-toi avec clarté et assurance en utilisant des phrases avec « je » plutôt qu'avec « tu » pour éviter d'accuser (exemple : « Je préfère que… » au lieu de « Tu devrais… »). Regarde ton interlocuteur dans les yeux, adopte une posture ouverte. Parle d'un ton calme et posé, sans t'excuser d'exister. Mets cette phrase en pratique dès cette semaine. Par exemple, si une personne insiste pour te « suraider » alors que tu ne lui as rien demandé (porter quelque chose, t'ouvrir une porte, etc.), la réponse assertive sera : « Merci beaucoup pour ton aide, mais je peux le faire seul. Si jamais j'ai besoin d'un coup de main, promis, je te le dirai. »
3. **Apprends à poser des limites avec assertivité.** Regarde-toi dans un miroir et entraîne-toi à dire une phrase assertive à voix haute. Voici quelques exemples : « J'ai besoin que tu respectes mon espace ». Si un collègue ou un ami fait une remarque déplacée sur ton handicap : « Je sais que ce n'était pas ton intention, mais ce que tu viens de dire m'a mis mal à l'aise. Je préfère qu'on évite ce genre de remarques à l'avenir. » Si une demande dépasse tes capacités physiques ou émotionnelles : « Je ne peux pas le faire à cause de mes contraintes, mais je peux t'aider à trouver quelqu'un qui pourrait t'aider. »
4. **Apprends à dire non avec la méthode Accept.** Accueille la demande (« Si je comprends bien, tu voudrais que je t'aide à transporter ces cartons ? »). Comprends le besoin derrière la demande (« Est-ce parce qu'il y a beaucoup de choses à déplacer et tu manques de bras ? »). Clarifie tes contraintes

• • •

(« Je voudrais t'aider, mais en raison de ma mobilité réduite, porter des objets lourds peut aggraver ma situation physique. ») **E**xprime tes regrets et dis non sans te justifier plus (« Je suis désolé, mais ce n'est pas possible pour moi. »). **P**ropose une alternative (« Je peux toutefois organiser les cartons pour toi, ou t'aider à trouver quelqu'un d'autre pour t'aider »). **T**ermine positivement (« Je suis sûr qu'on trouvera une solution pour que ce soit fait rapidement et efficacement. »).

5. **Pratique régulièrement.** L'assertivité est une compétence qui se développe avec l'entraînement. Commence par des situations simples puis progresse vers des contextes plus complexes. Chaque fois que tu affirmes tes besoins avec succès, célèbre cette victoire. Tu t'entraînes à te respecter et à te faire respecter. Félicite-toi pour chaque effort, même imparfait.

Synthèse

L'assertivité, ce n'est pas être dur, c'est être clair. Ce n'est pas imposer son point de vue, c'est oser exister dans l'espace et la conversation. Tu as le droit de dire non. Tu as le droit d'exprimer tes besoins. Tu as le droit de demander le respect.

Quand tu oses t'exprimer avec assertivité, tu changes non seulement la perception des autres, mais aussi la manière dont tu te perçois. Ce processus demande du courage, mais il te permet de vivre plus librement et sereinement, même face aux défis liés à ton handicap.

Quelle sera la première phrase assertive que tu vas oser dire aujourd'hui ?

16

Plaire à tout prix ? Non merci !

« L'amitié et l'amour ne se forcent pas.
Ils se méritent et se cultivent avec sincérité. »

Histoire vraie

Combien de fois avons-nous souri sans en avoir envie, dit « oui » alors qu'au fond, tout en nous criait « non » ? On a parfois adouci notre personnalité, arrondi les angles, juste pour se sentir accepté. Ce besoin d'être aimé, reconnu, validé est humain. Mais à force de chercher à plaire, on finit parfois par s'éloigner de soi-même. Ce besoin légitime peut alors devenir une cage, un piège dans lequel on se conforme, jusqu'à se perdre. Pendant longtemps, j'ai cru que mon handicap me condamnait à la solitude. Alors, je m'y suis résignée. Je me suis réfugiée dans les livres et auprès des animaux. Ils étaient bien plus simples, bien plus sincères que ces humains toujours prêts à juger sur les apparences. J'adorais ces moments avec les animaux. Avec eux, je me sentais acceptée, aimée sans condition. On me disait d'ailleurs souvent que j'avais un don, que nous nous comprenions parfaitement.

Pourtant, une part de moi observait avec envie ces groupes d'amis qui riaient ensemble, totalement convaincue que les relations humaines authentiques étaient un luxe auquel je n'aurais jamais droit. Normal, avec un handicap, qui s'intéressera à moi ?

Puis récemment, ma fille sourde m'a posé cette question : « Maman, comment on se fait des amis ? ». Silence ! J'ai pris conscience que, même si je suis aujourd'hui très bien entourée, je n'avais jamais vraiment cherché à comprendre comment on s'en faisait.
Et si être aimé, ce n'était pas plaire aux autres à tout prix, mais simplement oser être pleinement soi-même ? Il y a donc une grande différence entre chercher l'amour de façon saine… et courir après l'approbation des autres, au détriment de soi-même.

Pourquoi c'est important ?

Les relations humaines sont essentielles, mais elles ne se construisent pas en cherchant désespérément à être aimé. L'amour et l'amitié naissent de la sincérité, de l'écoute et du respect mutuel.
Se faire aimer, c'est avant tout apprendre à être soi-même.

Recherche saine d'amour	Recherche toxique d'approbation
Dans une recherche saine d'amour, on cherche à être apprécié pour qui l'on est vraiment.	Dans une recherche d'approbation, on essaie de plaire, même si cela implique de se renier.
Une personne équilibrée accepte que tout le monde ne l'aime pas.	Une personne qui craint le rejet va se suradapter, quitte à s'oublier.
En se respectant, on attire des relations authentiques.	Quand on cherche sans cesse à être validé, on risque d'attirer des gens qui en profitent.
L'amour vrai s'appuie sur l'honnêteté émotionnelle : on ose exprimer des vrais besoins et ses émotions.	Le besoin d'approbation pousse à dire ce que les autres veulent entendre.

Recherche saine d'amour	Recherche toxique d'approbation
La recherche saine d'amour libère : on se sent libre d'être soi-même.	La quête d'approbation épuise, à force de vouloir plaire à tout prix.

En résumé, ce n'est pas vouloir être aimé le problème, mais vouloir être aimé au prix de ton authenticité.

Passe à l'action

Et si, cette semaine, tu testais ce que ça fait d'être toi-même sans chercher à plaire à tout prix ? Voici six étapes pour commencer à te libérer du besoin d'approbation.

1. **Identifie tes comportements liés à la recherche d'approbation.** Détermine dans quelles situations tu t'es déjà surpris à chercher l'acceptation des autres plutôt qu'à exprimer ce que tu ressens vraiment ? Repère les moments où tu dis « oui » alors qu'au fond, tu penses « non ». Reconnais aussi les cas où tu as tendance à chercher chez les autres une validation que tu pourrais te donner à toi-même.
2. **Accepte que tout le monde ne t'aime pas.** Est-ce que tu aimes tout le monde, toi ? Non. Alors pourquoi vouloir que tout le monde t'aime ? Demande-toi ce que ça change vraiment si quelqu'un ne t'apprécie pas ? Lors d'une conversation, exprime une opinion qui te tient à cœur, même si tu sais qu'elle ne plaira pas à tout le monde.
3. **Construis des relations basées sur l'authenticité.** Identifie avec qui tu peux être totalement toi-même. Voici quelques principes simples mais puissants pour t'aider à être progressivement plus vrai dans tes relations, sans te laisser paralyser par la peur du rejet :
   - ose partager quelque chose de sincère à un proche aujourd'hui ;

• • •

- n'attends rien en retour, donne avec générosité, sans chercher à recevoir, et tu seras surpris de ce que la vie te rendra ;
- souris le plus souvent possible, car un sourire sincère peut ouvrir des portes, alléger des tensions et inviter à la conversation ;
- écoute activement, encourage l'autre à parler, montre-lui que tu t'intéresses à ce qu'il dit, et rappelle-toi que les gens adorent être écoutés ;
- valorise l'autre, souviens-toi des prénoms, fais des compliments sincères et montre de l'intérêt pour leurs passions et leurs rêves ;
- ne fais aucun effort pour plaire : sois simplement toi-même et vois comment les autres réagissent.

4. **Apprends à lâcher-prise.** Tout le monde ne t'aimera pas, et c'est normal. Identifie les personnes qui ne t'apportent pas de joie ou de respect dans ta vie. Accepte qu'elles ne te conviennent pas et concentre-toi sur celles qui te valorisent. Lâcher-prise ne consiste pas à abandonner mais à se libérer. Cela laisse la place pour que les bonnes personnes entrent dans ta vie.
5. **Crée des opportunités pour te connecter.** Prends l'initiative de participer à des activités qui t'intéressent. Que ce soit un club, un atelier ou une cause qui te tient à cœur, cela te permettra de rencontrer des personnes partageant les mêmes valeurs ou passions.
6. **Affronte le paradoxe du besoin d'amour.** Plus tu cherches désespérément à être aimé, plus tu risques de repousser les autres. Apprends à apprécier ta propre compagnie. Être bien avec toi-même attirera naturellement les bonnes personnes. Développe une énergie d'accueil, ne sois pas celui qui transpire le manque d'amis. Laisse l'amour et l'amitié venir à toi, sans les forcer.

Synthèse

Tu n'as pas besoin de séduire tout le monde pour exister. Tu n'as pas à t'excuser d'être qui tu es, ni à te modeler en fonction des attentes des autres. Les bonnes personnes t'aimeront pour ce que tu es vraiment. Quant à celles qui ne t'aiment pas, elles n'ont simplement pas leur place dans ta vie. Tu mérites mieux !

Accepte-toi, valorise-toi, lâche prise et laisse les bonnes personnes venir t'entourer. À partir d'aujourd'hui, choisis d'être aimé pour qui tu es plutôt que pour qui tu prétends être.

17

Gérer l'entourage qui décourage

« Les gens qui disent que c'est impossible ne devraient pas interrompre ceux qui sont en train de le faire. »

Thomas EDISON

Histoire vraie

« Tu es certaine que c'est une bonne idée ? », « Après avoir été avocate, quel gâchis ! », « Tu vas le regretter, tu verras », « Et financièrement, comment vas-tu faire ? ».

Voilà ce que j'ai entendu la première fois que j'ai changé de métier pour travailler dans le marketing. Même discours lorsque je me suis mise à mon compte pour devenir conférencière.

Le plus douloureux, c'est que ces remarques ne venaient pas de gens mal intentionnés. Elles venaient de mon entourage. Des gens que j'aimais, qui étaient censés me soutenir.

Ils les exprimaient par peur, par ignorance ou simplement par projection de leurs propres doutes. Forcément, ça fait mal ! Tellement mal que j'en ai même pleuré des nuits entières.

Comment gérer ces personnes qui, consciemment ou non, nous découragent ? Comment avancer malgré leurs doutes, critiques ou remarques blessantes ? Faut-il les confronter, les ignorer, s'en éloigner ?

Pourquoi c'est important ?

Avant de réagir, il est essentiel de comprendre pourquoi ces personnes cherchent à nous décourager. Dans la plupart des cas, leurs réactions en disent plus sur elles que sur toi.
Je distingue quatre types d'entourage qui découragent.

Type de personne	Pourquoi elles agissent ainsi ?	Leur impact sur toi
Les protecteurs excessifs	Ils craignent pour toi et veulent t'éviter des échecs ou des souffrances	Ils t'empêchent de sortir de ta zone de confort
Les pessimistes professionnels	Ils voient toujours le pire scénario et projettent leurs propres peurs sur toi	Ils sapent ta confiance et ton enthousiasme
Les jaloux ou frustrés	Ton ambition ou ta réussite leur rappellent leurs propres regrets ou échecs	Ils minimisent tes projets ou cherchent à les décrédibiliser
Les ignorants bienveillants	Ils ne comprennent pas ton parcours ou ton projet et pensent sincèrement que tu fais fausse route	Ils te prodiguent des conseils inadaptés, basés sur leurs propres repères

Le problème avec les personnes qui découragent, c'est que leurs paroles finissent par s'infiltrer dans ton propre dialogue intérieur. Tu commences à douter, à procrastiner, à envisager l'échec avant même d'avoir commencé.

Voici les trois effets majeurs d'un entourage toxique sur ton mental.

- L'autosabotage : à force d'entendre que c'est « impossible », tu commences à y croire et tu freines tes propres actions.
- La peur de l'échec : tu n'oses plus essayer par crainte du jugement ou du regard des autres.
- La perte de motivation : tes rêves semblent moins atteignables, non pas parce qu'ils le sont réellement, mais parce que ton environnement t'en donne l'illusion.

Il est essentiel de prendre conscience de ces mécanismes pour ne pas tomber dans le piège du renoncement, surtout si ton projet est important pour toi. Une fois que tu identifies la source du problème, tu peux mieux choisir ta réaction. Ne prends pas leurs doutes pour une vérité absolue. Leur avis est juste une opinion, pas un fait.

Passe à l'action

Prêt à reprendre le contrôle ? Voici cinq étapes pour t'aider à te détacher des avis négatifs et à rester motivé.

1. **Identifie les personnes qui te freinent et pourquoi.** Liste trois personnes qui ont tendance à te décourager. Demande-toi si elles parlent par peur, par jalousie ou bien par manque de compréhension.
2. **Prends du recul, analyse les paroles reçues.** Repense à une remarque négative que tu as reçue. Demande-toi si cette personne a réussi dans ce domaine, si elle a de l'expérience pour juger. Son avis est-il basé sur des faits ou sur ses propres peurs et croyances ? *Exemple :* « Tu ne devrais pas te lancer, c'est trop risqué. » → « Cette personne n'a jamais tenté ce genre de projet. Son avis reflète plus sa peur que la réalité. »

• • •

3. **Change ta manière de réagir et limite également les conversations toxiques.** Lors de ta prochaine conversation avec une personne négative, applique la technique de l'assertivité et refuse d'entrer dans leur jeu. Par exemple, au lieu de te justifier, réponds calmement : « Je respecte ton point de vue, mais j'ai une vision différente. » Puis ne dis plus rien d'autre. Mets fin à la conversation ou change immédiatement de sujet. Enfin, si quelqu'un te décourage systématiquement, évite de lui parler de tes projets si cela entraîne des tensions ou des doutes inutiles. *Exemple :* « Je vais lancer mon projet, tu en penses quoi ? » → « Je travaille sur un projet important, je te raconterai quand ce sera lancé. »
4. **Affirme tes choix avec assertivité et crée un « mur de motivation ».** Reste calme mais ferme. Ton ambition ne dépend pas de leur validation. Utilise des phrases qui recentrent la conversation sur ta propre décision. *Exemples :* « Tu n'y arriveras jamais. » → « Peut-être, mais j'aime mieux essayer que regretter. », « C'est trop compliqué. » → « Je suis prêt à relever le défi. ». Écris les raisons pour lesquelles tu crois en ton projet et relis-les dès que quelqu'un essaie de te décourager. Ajoutes-y des citations, des témoignages ou des réussites inspirantes qui te boostent.
5. **Cherche un entourage qui t'élève au lieu de te freiner.** S'entourer de personnes positives et inspirantes change tout. Rejoins des groupes ou des communautés qui partagent tes ambitions. *Exemple :* trouve un mentor, un réseau d'entraide ou simplement des amis qui croient en toi et en tes projets.

Synthèse

Ton entourage ne définit pas ta réussite. Les autres ont le droit d'avoir un avis, mais ils n'ont pas le droit de décider de ton avenir à ta place. Tu es la seule personne qui sait ce que tu veux vraiment, ce que tu ressens au fond de toi.

La prochaine fois que quelqu'un te dit que tu n'y arriveras pas, pense très fort dans ta tête à cette phrase : « Regarde-moi bien, parce que je vais te prouver le contraire. »

Continue à avancer, malgré les doutes des autres. Un jour, ce seront peut-être ces mêmes personnes qui viendront te dire qu'elles sont fières de toi et te demander comment tu as fait.

18

Faire face à la violence des autres

« Ce n'est pas ce que les autres disent ou font qui te blesse, c'est la façon dont tu les laisses t'atteindre. »

Histoire vraie

Quand on est différent, on attire parfois des comportements inattendus qui sont, malheureusement, loin d'être toujours bienveillants.

Pourquoi les attaques des autres nous font-elles si mal ?

La première fois que j'ai vécu une violence verbale marquante, j'étais adolescente. Une fille de ma classe, exaspérée par mes difficultés à comprendre une consigne, m'a lâché devant tout le monde : « Franchement, si c'est pour être aussi inutile, reste chez toi ! ». J'ai senti mon estomac se nouer, ma tête se vider, mes larmes monter en torrents. Ces mots étaient tout ce que je redoutais d'entendre.

Et si elle avait raison ? J'en ai parlé à mes parents. Mon père m'a répondu une phrase que je n'ai pas comprise tout de suite : « Les gens malheureux frappent toujours sur les plus vulnérables. » Aujourd'hui, je sais qu'il avait raison.

La violence des autres parle d'eux, pas de toi. Elle reflète leurs frustrations, leur ignorance, leur mal-être. Cette prise de conscience a été une libération : Je n'avais plus à absorber cette violence comme une vérité sur moi. J'ai appris à poser une barrière mentale entre eux… et moi.

Malgré tout, je reste consciente que les chiffres de la violence physique, psychologique, verbale, sexiste et sexuelle, médicale, économique, etc.) envers le handicap sont effarants.

Voici ceux sur lesquels j'ai pu mettre la main :

- 7,3 % des personnes en situation de handicap ont subi des violences physiques et/ou sexuelles, autant ont été exposées à des menaces, et 15,4 % ont subi des injures[1] ;
- 16 % des femmes en situation de handicap ont été victimes de viols, contre 9 % pour l'ensemble des femmes ;
- 23 % des femmes en situation de handicap ont été victimes de violences conjugales contre 15 % pour l'ensemble des femmes ;
- chez un enfant, le handicap engendre un risque deux fois plus élevé de subir des violences[2] ;
- 40 % des enfants handicapés vivent une forme de harcèlement[3] ;
- un enfant handicapé sur cinq a été victime de négligence[4] ;
- 7 680 enfants en situation de handicap sont victimes de violences sexuelles chaque année[5].

Horrible, n'est-ce pas ? Visiblement, nous ne pouvons pas vraiment compter sur les autres pour nous protéger. Ne restons pas démunis pour autant ! Regardons ensemble comment il est possible d'agir.

---

1. Éva Baradji et Olivier Filatriau, « Les personnes handicapées sont plus souvent victimes de violences physiques, sexuelles et verbales », Drees, SSMSI, n° 1156, juillet 2020.
2. Publication du Lancet Child & Adolescent Health portant sur un échantillon 16 millions de jeunes en situation de handicap physiques et/ou mentaux, âgés de 0 à 18 ans, à travers 98 études et 25 pays, entre 1990 et 2020 (https://www.monparcourshandicap.gouv.fr/).
3. *Ibid.*
4. *Ibid.*
5. « Violences sexuelles faites aux enfants : "On vous croit" », rapport de la CIIVISE, novembre 2023.

Surtout, il ne faut jamais oublier que ce n'est pas la violence que tu reçois qui te définit, mais ta manière d'y répondre.

Pourquoi c'est important ?

Apprendre à gérer cette violence, c'est reprendre le pouvoir sur notre vie, ne plus laisser les autres dicter notre valeur ou notre état émotionnel.
Face à une remarque humiliante, une critique injuste ou une attaque plus insidieuse, notre corps et notre esprit réagissent souvent instinctivement : colère, peur, sidération, honte. Ces réactions sont naturelles – mais si elles prennent toute la place, elles peuvent nous enfermer dans des schémas de soumission, d'agressivité ou de fuite.
Gérer la violence, ce n'est pas faire preuve de faiblesse ni l'ignorer : c'est refuser de laisser l'autre prendre le contrôle de notre état intérieur. C'est apprendre à se poser les questions suivantes : « Est-ce que cette personne me parle vraiment à moi, ou réagit-elle à autre chose ? », « Suis-je en sécurité ? », « Ai-je besoin de poser une limite ? de me retirer ? ».
L'objectif est de ne pas absorber ce qui ne nous appartient pas, de poser des limites sans entrer dans la surenchère, de choisir notre réponse plutôt que de la subir. Cela passe parfois par des gestes simples, accessibles à tous : reformuler (exemple : « Je vois que tu es en colère, mais je ne tolère pas qu'on me parle sur ce ton. »), répéter calmement une limite sans se justifier (exemple : « Je t'ai dit que ce n'était pas possible pour moi. »), choisir le silence plutôt que la surenchère (il ne faut pas alimenter la violence en répondant sur le même ton), prendre de la distance intérieure (prendre du recul sur les paroles blessantes et ne pas les absorber personnellement).
En prenant conscience des mécanismes à l'œuvre, on peut sortir de la confusion, retrouver sa clarté, et agir avec lucidité

– même dans la tempête. C'est une manière de dire : « Je me choisis. »
Le but ici n'est pas de « gagner » un conflit, mais de ne pas se laisser happer par la violence de l'autre.

Passe à l'action

Prêt à tester des stratégies pour mieux gérer la violence des autres ? Voici quelques étapes simples mais puissantes pour mieux réagir aux agressions.

1. **Identifie la situation.** Demande-toi si c'est une attaque personnelle, un déversement émotionnel qui ne me concerne pas, ou bien un rapport de domination habituel. Toutes les formes de violences ne se gèrent pas de la même façon. Une remarque passive-agressive ne se traite pas comme une menace directe.
2. **Observe tes réactions instinctives et opte pour la meilleure selon le contexte.** Repense à une situation récente où une personne a été agressive avec toi. Comment as-tu réagi ? Qu'aurais-tu pu faire différemment ? En fonction de la situation identifiée, demande-toi à froid quelle est la meilleure réaction à adopter. S'il s'agit d'une agression verbale, peux-tu répondre avec calme ou vaut-il mieux ne pas réagir ? Si c'est une violence psychologique répétée, comment poser une limite claire pour te protéger ? Si c'est une menace physique ou un rapport de domination, quelle est la meilleure issue de sortie (physique, émotionnelle, structurelle) ? Il n'y a pas de solution unique : il y a des stratégies à ajuster en fonction de ce que tu vis et de ce que tu ressens.
3. **Apprends à garder ton calme.** Face à une agression verbale, évite de réagir sur le coup de l'émotion. Respire profondément, prends du recul et analyse la situation. Est-ce réellement toi qu'on attaque ou ce que tu représentes pour l'autre ?

• • •

4. **Teste une technique de désamorçage.** Lors de la prochaine conversation tendue, teste l'une des techniques vues dans ce chapitre (reformuler, répéter calmement une limite sans se justifier, choisir le silence plutôt que la surenchère, prendre de la distance intérieure).
5. **Crée ta bulle de protection et prend du recul.** Imagine une barrière mentale autour de toi. Croise les bras, ancre tes pieds au sol et rappelle-toi que tu n'es pas une éponge. Tu n'absorbes que ce que tu choisis.
6. **Entoure-toi des bonnes personnes.** Limite tes interactions avec des personnes toxiques et privilégie celles qui te respectent et te soutiennent. Un entourage bienveillant renforce ta résilience. As-tu besoin de soutien ? d'un entourage plus sain ? de limites plus nettes ? Si ça dépasse ce que tu peux faire, ne reste pas seul.
7. Si tu es victime ou témoin de violence, quelle qu'elle soit, **tu peux demander de l'aide** pour te protéger ou protéger la personne concernée, via les numéros suivants :
   - Le 39 77 : service national contre les maltraitances et les violences pour les adultes en situation de handicap et les personnes âgées ;
   - Le 39 19 : plateforme téléphonique d'écoute, d'information et d'orientation des victimes de violences sexistes et sexuelles, accessible 24 heures sur 24, 7 jours sur 7 ;
   - Le 119 : service national d'accueil téléphonique pour les enfants en danger, disponible 24 heures sur 24, 7 jours sur 7 ;
   - Le 01 40 47 06 06 : numéro de l'Écoute Violences Femmes Handicapées (appel anonyme non surtaxé), ou par email : ecoute@fdfa.fr ;
   - le 114 : numéro d'urgence pour les personnes sourdes, malentendantes, sourdaveugles et aphasiques ;

Tu peux aussi aller consulter le site officiel du gouvernement qui te communique de nombreuses informations mais aussi des liens utiles : www.monparcourshandicap.gouv.fr

Synthèse

Tu ne peux malheureusement pas toujours empêcher les autres d'être violents. Mais tu peux choisir comment réagir. Ne laisse pas les mots, les attitudes ou les colères des autres décider de ton état intérieur.
À partir d'aujourd'hui, prends le pouvoir sur la situation. Tu ne seras plus un bouc émissaire ! En développant des mécanismes de défense sains et en fixant des limites claires, tu peux te protéger tout en cultivant un profond respect pour toi-même.
Ce n'est pas la force de l'attaque qui compte, mais la solidité de ton armure mentale.
Rappelle-toi : Tu n'es pas ce qu'on te dit. Tu es ce que tu choisis de croire.

19

Et les médecins ?

« Ne laisse jamais personne décider de ta vie à ta place.
Même s'il est un sachant ! »

Histoire vraie

Quand j'avais 18 ans, un médecin a voulu décider pour moi. J'étais assise dans le cabinet d'un chirurgien ORL, accompagnée de ma mère. L'heure était grave. Lui, le spécialiste reconnu, me regardait avec cet air de certitude absolue, le regard de celui qui « sait forcément mieux que moi » ce qui est bon pour moi. Il venait de m'expliquer que pour avoir l'audition dont je rêvais, je devais me faire poser un implant cochléaire : une opération lourde, longue, invasive, et surtout irréversible. Je l'écoutais. Mais plus il parlait, plus je sentais monter en moi un malaise, sans en comprendre la raison.

C'est là qu'il a prononcé cette phrase qui m'a franchement énervée : « Si vous refusez cette opération, vous gâchez votre chance d'avoir une vie normale. » Silence. J'ai regardé ma mère, le chirurgien. Ils attendaient ma réponse. Et moi, j'étais figée. *Une vie normale ?* Comme si ma vie, à cet instant précis, ne valait rien. Comme si je ne pouvais pas être heureuse sans cet implant. Mais surtout comme si ce médecin était plus légitime que moi pour décider quoi faire de mon propre corps, de ma vie tout entière.

À cet instant, j'ai compris que personne, absolument *personne*, ne pouvait prendre une décision aussi intime à ma place.

J'ai donc pris une grande inspiration, j'ai redressé les épaules et j'ai murmuré d'un air ironique : « Mhhh ! Le bonheur tient à si peu de choses finalement. »
Il esquissa un sourire empreint de condescendance – insupportable – et a lancé un clin d'œil à ma mère avant de me glisser : « Vous êtes jeune. Vous ne comprenez pas encore ce qui est en jeu. »
Sur cet argument, j'ai accepté l'opération, mais quelque chose s'est brisé en moi. Hasard ou fatalité, toujours est-il que l'opération a échoué. La pose s'est révélée défaillante.
Dès lors, je me suis jurée que plus jamais personne ne m'imposera quoi que ce soit, plus jamais on ne parlera avec mépris de mon handicap devant moi… Depuis, je relève systématiquement les propos méprisants, voire je change de médecin si je ne me sens pas écoutée ou respectée.

Pourquoi c'est important ?

As-tu déjà quitté un rendez-vous médical en te sentant frustré, incompris ou infantilisé ? Tu avais des questions, mais elles sont restées sans réponse ? Tu voulais exprimer tes besoins, mais tu ne t'es pas senti compris ? Pourquoi est-il si difficile de se faire entendre face aux médecins ? Parce qu'ils sont perçus comme des figures d'autorité et utilisent un langage technique. Parce que la médecine, c'est complexe, et qu'on nous a appris à faire confiance sans poser trop de questions.
Alors permets-moi juste de te rappeler que tu es le seul maître de ton corps et de tes choix. Le corps médical est là pour nous guider, nous accompagner, mais pas pour décider à notre place. Quand on est en situation de handicap ou atteint d'une maladie, on nous infantilise souvent. On nous

parle comme si nous n'étions pas capables de comprendre notre propre situation.

Voici les problèmes les plus fréquents que l'on a dans la relation avec les médecins.

- **Un manque d'écoute** : le médecin interrompt, minimise les symptômes, ou donne un diagnostic rapide sans creuser.
- **Un langage trop technique :** certains termes médicaux sont incompréhensibles, ce qui crée une distance et un sentiment d'impuissance. N'hésite pas à lui demander s'il peut t'expliquer les choses avec des mots plus simples.
- **Un sentiment d'infantilisation** : on n'est pas pris au sérieux, surtout si on exprime des doutes ou un ressenti différent.
- **La difficulté à poser des questions** : le rendez-vous est rapide, on ne sait pas comment structurer ses demandes efficacement.
- **Le stress face au verdict médical** : la peur du diagnostic ou des traitements empêche parfois de poser les bonnes questions.

Nous sommes pourtant les mieux placés pour savoir ce qui nous convient. Nous vivons quotidiennement avec notre corps, nos sensations, nos contraintes, nos espoirs, nos peurs. Certes, les médecins ont un savoir précieux, mais ils ne savent pas tout. Tu as le droit de poser des questions. Tu as le droit de douter. Tu as le droit de dire non. Surtout, tu as le droit d'exister pleinement, même sans suivre « le protocole idéal » qu'on voudrait t'imposer. Autrement dit, il est tout à fait possible d'avoir une vraie discussion avec un médecin sans se sentir dominé.

Passe à l'action

Et si, dès ton prochain rendez-vous médical, tu testais une nouvelle approche ? Voici quelques étapes simples pour t'aider à reprendre le contrôle de ta relation avec les médecins.

1. **Avant le rendez-vous, prépare-toi.** Liste tes symptômes et leur évolution. Note les questions essentielles à poser (éventuellement sur papier ou téléphone). Effectue des recherches pour comprendre les termes médicaux de base liés à ton problème.
2. **Pendant la consultation, prend ta place.** Ose interrompre si tu ne comprends pas. Reformule ce que dit le médecin pour être sûr d'avoir bien saisi (« Si je comprends bien, vous me dites que… »). Si un médecin te propose une intervention, demande-lui quelles sont les alternatives, les risques, l'urgence réelle. Ne crains pas de dire ce qu'il se passe dans ta tête (« Je ne suis pas d'accord », « J'ai besoin de plus de temps pour réfléchir », « J'aimerais explorer d'autres options de traitement avant de prendre une décision », si un traitement ne convient pas ou semble trop radical, « Ce que vous me dites est intéressant, mais j'ai lu d'autres études qui disent le contraire. Qu'en pensez-vous ? » pour ouvrir le dialogue sur d'autres approches, « Je ne me sens pas à l'aise avec cette décision, pouvez-vous m'expliquer pourquoi c'est la meilleure option pour moi ? » pour éviter d'accepter un diagnostic sans comprendre).
3. **Après la consultation, vérifie et ajuste.** Relis tes notes et assure-toi que tout est clair. Envoie un mail au médecin pour confirmer certaines informations si nécessaire. Évalue si tu te sens en confiance avec ce médecin ou s'il faut en changer. Parle avec des patients qui ont déjà vécu une situation similaire.
4. **Écoute ton instinct**. Si quelque chose te met mal à l'aise, ce n'est pas anodin. Ton ressenti est un indicateur puissant.

• • •

5. **Entoure-toi.** Si tu sens qu'un médecin ne t'écoute pas ou te met la pression, la fois suivante, viens avec une personne qui pourra t'aider à faire valoir ton point de vue.

Le but de tout cela n'est évidemment pas de s'opposer au médecin, mais de s'assurer que la consultation est un vrai échange, et non une décision imposée.

Synthèse

En tant que patient, rien ne t'oblige à adopter une posture passive. Tu as le droit de poser des questions, de demander des explications, d'exprimer tes doutes. Un bon médecin est, rappelons-le, celui qui écoute autant qu'il parle. Ton corps, tes règles !

Les médecins ne sont ni des dieux, ni des oracles, ce sont des êtres humains avec leur expertise, mais aussi leurs biais (et ils n'en manquent pas avec le handicap ! D'autant plus qu'il les confronte à leurs limites). Ne les mets jamais sur un piédestal au point d'oublier que toi seul es aux commandes de ta vie.

Ton parcours, ton histoire, tes choix t'appartiennent. Et tu es légitime pour décider de ce qui est le mieux pour toi. N'attends pas qu'on te donne la permission d'exister comme tu l'entends. Prends-la !

Conclusion

S'il y a une seule chose à graver en toi, c'est ceci : l'inconfort et le conflit ne sont pas des fatalités mais des tremplins. Trop souvent, nous avons cru qu'il fallait choisir entre deux extrêmes : se taire pour ne pas déranger ou exploser pour enfin être entendu. Il existe en réalité une autre voie, un chemin puissant qui permet d'affirmer qui l'on est sans nourrir l'agressivité des autres, sans se perdre dans des combats inutiles : l'assertivité.

Dans cette partie, tu as appris que :

- l'assertivité est une force tranquille pour faire entendre ta voix, sans te laisser écraser ;
- tu n'as pas à chercher l'amour et l'approbation de tout le monde, mieux vaut être aimé pour qui tu es vraiment que pour une version de toi qui s'efface pour plaire ;
- Même si ton entourage freine ou minimise, des stratégies existent pour reprendre le pouvoir ;
- la violence des autres ne te définit pas, tu as toujours le choix de ta réaction ;
- enfin, même face aux figures d'autorité comme les médecins, tu as une voix. Ton corps, tes besoins et ton ressenti comptent. Il est possible d'établir un dialogue équilibré sans te sentir infantilisé.

Le cœur de tout cela ? Savoir poser tes limites. Oser faire entendre ta voix, sans chercher à dominer ni à te soumettre.

Et maintenant ? Maintenant, tu sèmes ! Pas besoin de révolutionner ta vie du jour au lendemain. Une transformation durable commence par de petites victoires.

La prochaine fois qu'on t'interrompt ? Ose terminer ta phrase. Avant ton prochain rendez-vous médical, prépare trois questions à poser. Quelqu'un franchit tes limites ? Exprime-le calmement mais fermement. Tu sens la colère monter ? Respire, choisis ta réponse au lieu de te laisser emporter.

Ces gestes-là, si petits soient-ils, changent tout.

Peu à peu, tu vas voir le regard des autres bouger. Peu à peu, tu vas te redresser. Peu à peu, tu vas prendre ta place. Toute ta place.

Parce qu'au fond, il ne s'agit pas seulement d'éviter les conflits mais de ne plus craindre d'exister.

Là est la révolution.

Se donner de la valeur

IV

Pendant longtemps, j'ai cru que mon handicap était un frein. Un mur invisible. Un poids à trainer. Une étiquette collée au front qui me condamnait à prouver ma valeur encore et encore. Comme si je devais mériter ma place. Comme si je devais faire oublier ma différence pour être accepté, pour exister pleinement.

Un jour, j'ai compris : mon handicap n'est ni une malédiction, ni une faiblesse. C'est un angle de vue. Une histoire singulière. Un moteur de créativité, d'adaptation, de force. Une autre manière de voir le monde – et parfois, de mieux le comprendre.

Ce que je veux te partager ici, ce n'est pas une jolie phrase de motivation bien creuse, mais une vérité profonde : ton handicap ne te définit pas, il fait simplement partie de toi. Ce qui te définit, c'est ce que tu en fais.

Alors posons-nous ensemble cette question essentielle : Qui décide de ta valeur ? la société ? les autres ? tes performances ? ton CV ? tes likes ? ou toi ?

Personnellement, j'ai fini par le comprendre : ma valeur n'a jamais été un débat. Elle n'est pas négociable. Elle ne dépend ni de mon audition, ni du regard des autres. Elle dépend uniquement de ce que j'ai en moi et de ce que je décide d'en faire. Point !

Et c'est exactement ce qu'on va faire ensemble.

Dans cette partie, je vais te montrer comment : reprendre le pouvoir sur ton histoire, transformer tes contraintes en leviers, faire de ta singularité une arme de construction vers autre chose.

Prêt à kiffer ta différence ? Alors, allons-y !

20

Faire un point sur sa vie

« Ne cherche pas l'équilibre parfait,
cherche l'harmonie qui te convient. »

Histoire vraie

Es-tu déjà monté dans un train sans savoir où il allait ? Ça paraît fou… et pourtant, c'est ce que beaucoup de personnes font avec leur propre vie. Elles avancent, elles gèrent les urgences, elles suivent le mouvement, cochent les cases… mais sans jamais prendre le temps de se demander « où est-ce que je vais, au juste ? » ou de regarder où elles vont.

Si tu te reconnais là-dedans, si tu te sens régulièrement perdu, sans savoir pourquoi, alors il est temps de marquer une pause. Une vraie. Pas pour fuir mais pour te retrouver.

Il y a quelques années, je me sentais un peu bloquée dans ma vie. Je n'arrivais pas vraiment à mettre le doigt sur ce qui n'allait pas. En réalité, rien n'allait vraiment mal, loin de là, mais cela ne m'empêchait pas d'éprouver régulièrement un sentiment diffus d'insatisfaction.

Un jour, lors d'un week-end de développement personnel, un coach a proposé un exercice simple : la « roue de la vie ». Curieuse, je me suis prêtée au jeu. Je ne savais pas encore que ce petit moment d'introspection allait provoquer en moi un véritable électrochoc.

Si certains aspects de mon quotidien me paraissaient satisfaisants, c'était très loin d'être le cas pour d'autres – la catastrophe même ! Ma carrière, par exemple, semblait sur de bons rails, tandis que mon réseau professionnel était au point mort. Je ne faisais pas de sport et négligeais totalement ma santé.

Ce simple dessin m'a fait l'effet d'un coup de projecteur : comment avancer avec une roue bancale ?

Ce fut inconfortable… mais aussi incroyablement libérateur. Pour la première fois, je voyais clairement ce que j'avais besoin de rééquilibrer pour me sentir bien dans ma vie, pas juste dans mes objectifs.

Pourquoi c'est important ?

Notre vie repose sur un équilibre fragile entre plusieurs domaines : santé, relations, travail, loisirs… Quand un domaine est en souffrance, il impacte tous les autres. La roue de la vie, c'est une photographie honnête de ton présent. Elle te montre où ça coince, où ça va et par où commencer pour retrouver de l'harmonie.

Le principe est simple : on trace un cercle et on le divise en huit parties égales (souvent entre six et dix). Chaque section représente un domaine de la vie : santé, travail/carrière, relations/famille/amis, amour, finance, loisirs, développement personnel/spiritualité, environnement de vie.

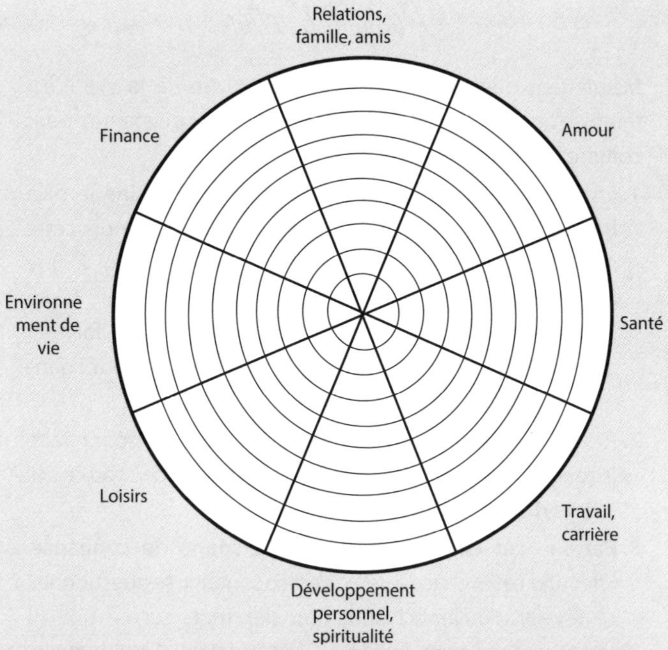

On évalue son niveau de satisfaction en lui attribuant une note entre 0 (centre, insatisfaction totale) et 10 (bord extérieur du cercle, épanouissement complet). On colorie chaque segment jusqu'au bon niveau puis on trace un point sur chaque rayon pour relier les points pour voir la forme générale de sa roue. Est-elle fluide et équilibrée… ou cahoteuse ? L'objectif n'est pas d'avoir un 10/10 partout, mais d'éviter les déséquilibres majeurs qui freinent ton épanouissement.

Passe à l'action

Maintenant que tu as une vision plus claire de ta vie, il est temps d'agir ! Voici trois étapes simples mais puissantes pour commencer ton évolution.

1. **Engage-toi immédiatement.** Regarde le domaine le plus bas de ta roue et engage-toi pour une action simple cette semaine. *Exemples :* vie sociale à 3/10 ? Inscris-toi à une activité de groupe ou propose un café à un ami ; santé à 5/10 ? Planifie une marche de 30 minutes trois fois par semaine ; travail à 2/10 ? Actualise ton CV ou lance-toi dans une formation sur un sujet qui t'intéresse.
2. **Reviens dans trente jours.** Fixe-toi un moment pour refaire la roue dans un mois. Tu verras déjà la différence… ou ce qui mérite d'être ajusté.
3. **Partage cet exercice avec une personne de confiance.** Effectuer cet exercice à deux, c'est se soutenir, se questionner, se révéler. Souvent, l'autre met des mots sur ce que tu ressens sans l'avoir formulé. C'est puissant. C'est humain. C'est transformateur.

Ne cherche pas à tout changer d'un coup. L'objectif est de faire un premier pas, puis un autre. C'est ainsi que l'on transforme sa vie, petit à petit.

Synthèse

Faire ta roue de vie, c'est reprendre les commandes, c'est prendre dix minutes pour toi, pour écouter ce que tu ressens vraiment, et poser un premier pas vers une vie plus alignée.

Ta vie ne changera pas en un jour, mais un seul pas peut enclencher un mouvement. Un petit pas. Puis un autre. Et encore un. C'est comme ça qu'on avance et qu'on transforme son quotidien.

Alors prends un crayon, dessine ta roue et regarde-la comme une boussole. Tu pourras la refaire dans trois mois, six mois, voire un an pour mesurer le chemin parcouru. Tu ne peux pas choisir ta destination si tu ne sais pas d'où tu pars.

Et aujourd'hui, tu fais le choix de commencer.

21

Transformer son regard

« Tu n'es pas ce qu'il t'arrive,
tu es ce que tu choisis d'être. »

Histoire vraie

J'ai longtemps cru que ma différence était un obstacle à franchir, un poids à porter, un truc à compenser, une faiblesse à camoufler, une raison de devoir me battre deux fois plus fort pour démontrer ma valeur. Alors j'ai fait comme beaucoup de personnes différentes : j'ai voulu prouver. À moi-même, aux autres, à la société.

Un témoignage a cependant changé la donne. C'était celui de Christophe Bichet sur sa page LinkedIn. Un homme qui n'aurait jamais dû atteindre l'âge adulte selon les médecins. Il est pourtant devenu un grimpeur professionnel exceptionnel, un musicien passionné, un aventurier de la vie, un survivant de dix cancers, greffé de la moelle osseuse. Un être lumineux, intensément vivant. Et il raconte :

« Pendant longtemps, j'ai cherché à prouver aux autres que je valais autant qu'eux. Puis j'ai compris que le seul combat qui en valait la peine, c'était celui-ci : changer *mon* regard sur ma différence et apprendre à *me* prendre au sérieux. »

Boom. Frisson. Révélation.

C'était ça. Moi aussi, j'attendais que le monde change. Qu'il comprenne, qu'il s'ouvre, qu'il m'accueille. Mais au fond,

n'était-ce pas une façon déguisée de fuir ce que moi, je n'avais pas encore osé changer : mon propre regard sur moi-même.
Et si, au lieu d'épuiser mon énergie à vouloir que les autres s'adaptent, je la mettais à transformer ma façon de voir ?
Et si, au lieu d'essayer de faire évoluer les autres (ce qui se révélait quand même très compliqué), je mettais encore plus d'énergie à travailler sur ma propre perception ?
Et toi, où places-tu ton regard aujourd'hui ?

Pourquoi c'est important ?

Tu connais cette histoire des deux prisonniers qui regardent par la fenêtre ? L'un voit les barreaux, l'autre voit le ciel. Même réalité. Deux perceptions. Ce qui fait la différence, c'est là où ils posent leur regard. Leur *mindset*. Leur capacité à voir au-delà des obstacles.
Ta vie n'est pas dessinée par ce qu'il t'arrive, mais par comment tu choisis de réagir. On pourrait croire que les circonstances extérieures dictent notre bonheur ou notre malheur. En réalité, c'est ton regard sur ces circonstances qui crée ton expérience. Un même événement peut être vécu comme un échec ou comme un déclencheur, un obstacle ou une opportunité, un frein ou un appel.
Ton mindset, c'est ta manière de voir le monde. La différence, c'est le filtre mental que tu choisis d'utiliser. Ce qui te bloque le plus souvent, ce ne sont pas les limites extérieures. Ce sont tes propres croyances, tes peurs, tes blessures non guéries. Ce sont les histoires que tu te racontes.
Changer ton regard, c'est reprendre le pouvoir sur ton expérience. Ce n'est pas de la magie. C'est de la responsabilité. Change ton mindset, hacke-le et le monde changera avec toi.

Passe à l'action

Prêt à tester la puissance de ton regard sur ta vie ? Voici trois étapes à suivre cette semaine pour voir immédiatement la différence.

1. **Prends conscience de ton regard actuel et change d'angle de vue.** Repense à trois situations récentes où tu as perçu un obstacle ou une difficulté. Demande-toi « et s'il y avait une autre façon de les lire ? Une leçon, un message, une opportunité cachée ? Écris-les. Et cherche trois interprétations possibles pour chacune. Tu vas voir, ça ouvre des portes (moi, j'y suis arrivée après un an de thérapie !).
2. **Tiens un journal des gratitudes.** Chaque soir, note dans un carnet trois choses positives de ta journée, même minimes. De cette manière, ton cerveau aura moins tendance à se focaliser sur le négatif. Reprendre le contrôle, c'est aussi choisir ce que tu décides de voir. D'ailleurs, ce que tu nourriras, grandira. Alors choisis : tu veux nourrir quoi, la frustration ou la gratitude ?
3. **Réécris ton histoire.** Prends un moment au calme et écris noir sur blanc l'histoire que tu te racontes sur ta vie. Est-ce que tu joues encore la victime des circonstances ? Ou es-tu le héros ou l'héroïne qui trace son propre chemin ? Si cette histoire ne te plaît pas, réécris-la différemment. Tu es l'auteur. Tu tiens le stylo. Reprends les commandes.

Synthèse

Ton regard façonne ta vie et personne d'autre ne peut le faire à ta place. Tu peux choisir de voir les barreaux ou de lever les yeux vers le ciel. Tu peux ruminer ce qui te manque ou activer ce que tu as déjà en toi. Tout commence là : dans ton regard, tes mots, tes pensées. Change-les… et le monde changera avec toi.

Alors, quelle histoire décides-tu d'écrire aujourd'hui ? Et surtout, où choisis-tu de poser tes yeux ?

22

Cultiver la chance

« T'as aucune chance… alors saisis-la ! »
Jamel Debbouze

Histoire vraie

« Nan mais toi, de toute façon, t'as trop de chance ! » Combien de fois je l'ai entendue, celle-là. À chaque fois, cette phrase m'agaçait profondément. Comme si elle annulait d'un claquement de doigts toutes les nuits blanches, les galères, les larmes, les sacrifices silencieux qu'il a fallu traverser pour arriver là où j'en suis.

Mais dis-moi, c'est quoi au juste, la chance ? Être née sourde, avoir passé vingt ans en orthophonie pour apprendre à parler ? Me heurter à un système scolaire qui n'était pas prêt pour moi ? Galérer à trouver un job parce que mon handicap faisait peur aux recruteurs ? Sombrer dans une dépression au point de planifier ma propre disparition ?

Si c'est ça, alors ouais. J'ai eu une sacrée « chance ». Lol !

Mais la vérité, c'est que les gens ne voient que l'aboutissement, jamais le chemin. Ils voient le sommet de la montagne, mais pas les kilomètres d'ascension, les ampoules aux pieds, les chutes et les moments de doute. Ils se concentrent sur ce qui est visible : la réussite, les opportunités, les rencontres marquantes. Ils parlent de « chance », quand moi, je parle de choix audacieux, de courage et d'endurance.

Ce que beaucoup appellent chance est en réalité la conséquence d'un état d'esprit.
Ils oublient de regarder ce qui a permis d'y arriver : le travail, la persévérance, les décisions difficiles et l'état d'esprit qu'il a fallu forger.

Pourquoi c'est important ?

La chance n'est pas un phénomène mystérieux réservé à une élite choisie par l'univers. Ce n'est pas une main invisible qui décide arbitrairement de bénir certains et d'ignorer les autres. La chance est un comportement, une attitude, une façon d'être face au monde.
Des scientifiques l'ont prouvé[1] : les personnes dites « chanceuses » ont en réalité un comportement spécifique qui favorise l'apparition d'opportunités.

- Elles osent plus : la chance sourit souvent à celles et ceux qui prennent des initiatives.
- Elles voient ce que d'autres ne voient pas : une opportunité dans l'échec, une occasion dans l'imprévu.
- Elles cultivent un état d'esprit ouvert : plus on est curieux, plus on attire des connexions et des possibilités inattendues.

La vraie différence entre une personne qui semble « avoir de la chance » et une autre qui pense ne jamais en avoir, c'est l'action. L'une bouge, l'autre attend. L'une saisit, l'autre hésite. L'une tente, l'autre renonce avant même d'avoir essayé.
En réalité, la chance ne te choisit pas. C'est toi qui la fabriques.

1. Tu peux notamment lire les recherches du psychologue britannique Richard Wiseman : *Comment mettre la chance de votre côté* (InterÉditions, 2004) ; *Notre capital chance : comment l'évaluer et le développer* (JC Lattès, 2003).

Passe à l'action

Prêt à créer ta propre chance ? Voici six étapes à suivre cette semaine pour tester immédiatement l'effet de ton état d'esprit sur les opportunités.

1. **Sois proactif et dis « oui » plus souvent.** Arrête d'attendre que les opportunités tombent du ciel : provoque-les. Beaucoup d'entre elles se présentent sous des formes inattendues. Parfois, elles ressemblent à une invitation à un événement où tu ne connais personne, à un projet qui te semble hors de ta portée, ou à une proposition qui te fait peur. Demande-toi chaque jour ce que tu peux faire pour ouvrir une nouvelle porte. Agis, même si ce n'est qu'un petit pas. Dis « oui » plus souvent et vois où cela te mène. La chance, c'est souvent accepter l'inconnu avec curiosité.
2. **Sors de ta zone de confort régulièrement.** Si tu fais toujours la même chose, tu obtiendras toujours les mêmes résultats. Les opportunités naissent de la nouveauté. Apprends une nouvelle compétence, change d'environnement, fais une activité qui te sort de ta routine. Fais une action aujourd'hui qui pourrait potentiellement ouvrir une porte : contacte quelqu'un, propose une idée, explore un nouvel environnement. Plus tu seras exposé à des contextes variés, plus tu auras de chances de tomber sur une opportunité que tu n'avais même pas imaginée.
3. **Travaille ta perception des opportunités.** Quand les choses ne se passent pas comme prévu, essaie de trouver trois raisons d'y voir une opportunité cachée. *Exemple :* un entretien raté = un feedback à analyser + une expérience de plus + du temps libéré pour mieux postuler ailleurs. Change ton regard, tu changeras ta réalité.
4. **Tiens un « carnet des micro-chances ».** Note chaque petit événement positif : une rencontre, un compliment, une coïncidence. Avec le temps, tu comprendras que la chance est déjà là, discrète mais fidèle.

• • •

5. **Utilise la stratégie du « Et si… ».** Quand tu hésites face à une opportunité, demande-toi : « Et si ça changeait ma vie ? ». Ne laisse pas la peur ou le doute te fermer des portes. Parfois, une simple curiosité peut tout déclencher.
6. **Entoure-toi d'audacieux.** La chance, c'est aussi être dans un écosystème favorable. Les gens avec qui tu passes du temps influencent tes pensées, tes décisions, tes ambitions. Fréquente des personnes qui te tirent vers le haut, qui te stimulent, qui te motivent à aller plus loin. L'énergie est contagieuse : choisis celle qui te pousse à agir.

Synthèse

La chance n'est pas un miracle, une faveur accordée aux autres, mais le résultat de ton regard, de tes choix et de tes actions. Elle ne décide pas pour toi, c'est toi qui la crées en osant, en restant curieux, en t'adaptant et en saisissant les opportunités dès qu'elles se présentent. Ce que les autres appellent « la chance », c'est en réalité le fruit d'un refus de subir la vie passivement. Si tu attends que la chance vienne frapper à ta porte sans rien faire, tu risques d'attendre longtemps. En revanche, si tu crées les conditions pour qu'elle apparaisse, alors elle se manifestera bien plus souvent que tu ne l'imagines.

Pour devenir la personne qui attire naturellement les opportunités, demande-toi que tu peux faire dès aujourd'hui pour provoquer ta propre chance.

23

Activer son esprit autodidacte

« L'autodidacte ne suit pas un chemin tracé, il le crée. »

Histoire vraie

Quelques mois passés dans une société de gestion de fortune à Genève, et me voilà transformée en détective ! Entre deux dossiers, je scrute, j'analyse, je creuse : qu'ont-ils donc en commun, ces clients au patrimoine vertigineux ? Certains sont des héritiers, souvent frileux face au risque – logique, ils ne savent pas créer l'argent. D'autres ont suivi des parcours classiques et brillants, bardés de diplômes et d'expériences prestigieuses. Mais ceux qui me fascinent le plus, ce sont les autodidactes.

Ceux qui ont démarré avec trois fois rien. Ceux qui, avec une idée simple – parfois complètement farfelue – ont bâti un empire. Des échecs, des remises en question, des ajustements, mais surtout une capacité incroyable à saisir une opportunité au bon moment. Ils n'étaient pas forcément plus intelligents, ni mieux entourés. Mais ils osaient. Ils tentaient. Ils échouaient. Ils recommençaient.

En analysant leurs parcours, trois qualités me sautent aux yeux : la curiosité, l'audace et le passage à l'action. Mais ce n'est pas tout. Ils ont aussi cette capacité à ne pas écouter les gens qui leur disent que ce n'est pas possible, à s'entourer de personnes plus brillantes qu'eux pour apprendre en permanence, et à détester le statu quo au point de s'en affranchir sans peur.

Je me rends aussi compte que nous avons beaucoup en commun. Comme eux, je ne rentrais pas dans le moule. Comme eux, j'ai dû trouver ma propre place.

J'ai compris très tôt que si j'attendais que le monde s'adapte à moi, je risquais d'attendre longtemps. Alors, j'ai agi.

Un jour, une personne sourde me raconte qu'une école accueillant des enfants signants s'est vue refuser l'autorisation d'accepter de nouveaux élèves. « L'éducation nationale ne comprend toujours pas nos besoins ! » me dit-elle, révoltée. Je lui réponds spontanément : « Mais pourquoi attendre ? Créez-la, votre école ! ».

C'est ce que font les autodidactes. Quand un système dit non, ils ne perdent pas d'énergie à le combattre : ils créent leur propre modèle. C'est ainsi que naissent des entreprises comme Handiroad, Roger Voice, Dulcenae ou Mon Carré Doux, conçues par des personnes qui en avaient assez d'attendre que quelqu'un prenne en compte leurs besoins.

Et c'est aussi ce que j'ai fait dans ma propre vie.

Pourquoi c'est important ?

Être autodidacte, ce n'est pas une méthode mais un état d'esprit radicalement libre. C'est refuser de subir, refuser qu'un système décide pour soi. C'est ne pas attendre une permission, un diplôme pour avoir une légitimité. Les autodidactes créent ce qui leur manque et c'est tout !

En fait, être autodidacte, c'est bien plus qu'une simple méthode d'apprentissage. C'est une posture de vie. C'est comprendre que rien n'est écrit d'avance, et que tout peut être réinventé.

Si on te dit que c'est impossible, c'est souvent parce que les autres projettent sur toi leurs propres peurs, leurs propres limites. Mais eux ne sont pas à ta place. Ils ne savent pas ce dont tu es capable. Il n'y a que toi qui peux explorer tes propres possibilités.

Une étude rapportée par Malcolm Gladwell dans *Outliers*[1] montre que les enfants nés dans des familles aisées sont encouragés à donner leur opinion, à négocier, à se sentir légitimes face à l'autorité. Les enfants de familles modestes, en revanche, sont plus souvent conditionnés à écouter, obéir, suivre les règles.

En situation de handicap, nous avons parfois beaucoup de mal à oser, parce que depuis toujours on nous dit quoi faire, comment le faire et surtout ce qu'on ne pourra jamais faire. Mais ce que l'on t'a appris peut être désappris. Tu peux t'émanciper des limites qu'on t'a imposées.

Les autodidactes réussissent parce qu'ils pensent hors du cadre. Et toi aussi, tu as cette capacité. Parce que ton expérience est unique. Parce que ton regard sur le monde est différent. Parce que là où les autres voient un problème, tu peux voir une solution.

Si tu veux une vie différente, tu dois penser différemment.

Et ça, c'est accessible à tous. Même (et surtout) à celles et ceux qui ne rentrent dans aucune case.

1. Malcolm Gladwell, *Les prodiges : Pourquoi les qualités personnelles et le talent ne suffisent pas à expliquer le succès*, 2008.

Passe à l'action

Voici quatre réflexes à adopter pour activer ton esprit autodidacte.

1. **Fais le tri dans les voix que tu écoutes.** Le monde est rempli de donneurs de leçons qui n'ont jamais rien accompli eux-mêmes. Garde celles qui te stimulent, qui t'inspirent, te poussent à te dépasser. Ignore les autres.
2. **Passe à l'action avant de te sentir prêt.** Ne cherche pas la perfection avant d'agir. Les autodidactes apprennent en avançant. Ce n'est pas l'expérience qui crée la confiance, c'est l'action. Plus tu oses, plus tu progresses.
3. **Développe ta curiosité et ton intuition.** Regarde le monde avec un regard neuf. Intéresse-toi à tout, même aux domaines éloignés de ton expertise. Les meilleures idées naissent souvent des connexions inattendues. Fais-toi confiance.
4. **Crée ce qui n'existe pas encore.** Si tu ne trouves pas de solution adaptée à ton besoin, fonce ! Les plus grandes innovations sont souvent nées d'une frustration.

Synthèse

Sois l'architecte de ta propre réussite. Les autodidactes ne réussissent pas parce qu'ils ont un don particulier, mais parce qu'ils osent là où d'autres hésitent. Ils ne laissent pas leur manque d'expérience, de diplômes ou de reconnaissance les freiner. Ils avancent, expérimentent, échouent, recommencent.

Si tu attends d'être prêt, d'avoir la validation des autres, d'avoir toutes les compétences, tu risques d'attendre toute ta vie. La seule vraie question est : es-tu prêt à essayer, à apprendre en avançant, à inventer ta propre route ?

La société ne nous a pas appris à penser comme des autodidactes.
Mais bonne nouvelle : rien ne t'empêche de le devenir.
Alors, à partir d'aujourd'hui, promets-moi une chose : arrête d'attendre qu'on te donne l'autorisation. Donne-la-toi à toi-même.
N'attends pas qu'on t'ouvre une porte.
Fabrique-la. Enfonce-la. Ou construis ton propre bâtiment.

24

Voir son handicap comme une force

« Si vous essayez toujours d'être normal, vous ne saurez jamais à quel point vous pouvez être extraordinaire. »

Maya ANGELOU

Histoire vraie

Quand on te dit que ton handicap est une force, tu as peut-être envie de répondre, comme moi il y a quelques années : « Franchement, quelle connerie ! Viens vivre ma vie 24 heures et on en reparle. »

Non, il n'y a rien de réjouissant à être mis en position de vulnérabilité. Non, ce n'est pas « fun » de voir son énergie fondre plus vite que celle des autres. Non, ce n'est pas « trop cool » de se heurter aux limites imposées par un corps qui a décidé de nous dire « fuck you ! ».

Moi-même, je ne peux pas téléphoner naturellement. J'ai du mal à suivre les conversations de groupe. Je ne peux pas parler en marchant. Les lumières tamisées et la musique d'ambiance dans un restaurant ? Un cauchemar. On me chuchote quelque chose à l'oreille ? Je ne comprends rien. J'ai zéro références musicales et passe souvent pour une cruche ! Autrement dit, il y a mieux comme plan que d'être handicapé !

Je pense d'ailleurs souvent à cette phrase de la comédienne Fern Brady qui, face aux gens qui affirment que l'autisme est un superpouvoir, répond : « Ah oui ? Superman, au lieu d'avoir une force surhumaine, il se lancerait dans des monologues interminables sur la poétesse Sylvia Plath sans remarquer que son interlocuteur s'en fout royalement ? ». Bam.

Mais si certains trouvent cette idée absurde, d'autres, au contraire, y voient une vérité profonde. Eux, ils ne regardent pas le verre à moitié vide, mais celui à moitié plein. Ce n'est pas le handicap en soi qui est une force. C'est la lecture qu'on en fait. Comment on décide de le transformer.

Prenons l'exemple de Mathilde Alleman, amputée de la jambe gauche à 15 ans. Un drame ? Peut-être. En tout cas, elle a décidé que ce serait le point de départ d'une vie à 300 %. Elle a testé le ski, le parachute, le planeur… et elle affirme aujourd'hui que son handicap lui a permis d'oser des choses qu'elle n'aurait peut-être jamais faites autrement.

Autre exemple : Leïla Ngouoto, dont la maladie génétique affecte la vue et la mobilité. Elle a monté son entreprise de conseil en image pour aider les demandeurs d'emploi. Elle affirme que son handicap est une force, parce qu'il lui a appris à se battre, à s'adapter et à avoir confiance en elle.

Verdict, le handicap est-il une force ou une galère ? En vérité, ce sont les deux ; c'est surtout ce que tu en fais qui compte.

Pourquoi c'est important ?

Le monde adore les récits de dépassement. Ce qu'on oublie souvent, c'est que la vraie force, ce n'est pas de « vaincre » le handicap. C'est de trouver un chemin là où il n'y en avait pas. Un corps différent t'oblige à penser et à ressentir différemment. Tu dois t'adapter en permanence. Et ça, ce sont des super compétences.

En effet, beaucoup de personnes en situation de handicap développent, sans même s'en rendre compte, des qualités qui sont des atouts incroyables dans la vie et dans le monde du travail : une capacité d'adaptation hors-norme, une résilience à toute épreuve, une sensibilité accrue aux détails et aux signaux faibles, et une créativité boostée par la nécessité d'inventer des solutions en permanence.
Théo Curin, nageur de haut niveau quadri-amputé, le résume parfaitement : « Dans chaque différence, il faut trouver ses points positifs et vivre avec. » Certes, c'est dur. Certes, ce n'est pas un cadeau. Mais ça peut devenir une arme secrète.

Passe à l'action

Et si ton handicap devenait ta plus grande force ? Voici quatre étapes à suivre cette semaine pour tester immédiatement cette nouvelle approche.

1. **Adopte un regard neuf.** Regarde ton handicap autrement. Que t'a-t-il appris que d'autres ne connaissent pas ? Peut-être que tu as appris à observer les gens et à lire entre les lignes. Peut-être que tu es devenu expert en bons plans pour sortir d'une galère ? Peut-être que tu as une patience et une ténacité hors du commun ? Demande à trois personnes de ton entourage quelles qualités ou forces elles perçoivent chez toi grâce à ton handicap.
2. **Privilégie le récit positif.** Rédige un texte court où tu expliques comment ton handicap t'a aidé à devenir la personne que tu es aujourd'hui.
3. **Mets en pratique ta force**. Identifie une opportunité dans laquelle ton handicap pourrait être un atout (travail, sport, engagement, etc.) et ose mettre cette force en avant. Ne cherche pas à te fondre dans la masse. Affirme ta différence, utilise-la pour inspirer, pour innover, pour bousculer les

• • •

codes. Les gens qui laissent une empreinte sont rarement ceux qui ont suivi les chemins tout tracés.

4. **Inspire-toi des personnes qui transforment.** Lis des témoignages, regarde des interviews de personnes qui ont transformé leur handicap en moteur. Leurs histoires peuvent t'aider à activer ta propre puissance. Le succès laisse des indices, alors apprends de celles et ceux qui sont passés par là avant toi.

Synthèse

Ton handicap ne te définit pas. Ce qui te définit, c'est ce que tu en fais. Tu peux choisir de voir ton handicap comme un mur, ou comme une rampe de lancement. Tu peux subir ou transformer. Tu peux te cacher ou briller.

La société valorise les parcours classiques, les compétences normées. Force est pourtant de constater que ce sont toujours les personnes hors cadre qui changent le monde. Ose te raconter une histoire différente. Ose voir la force là où d'autres ne voient que la difficulté. Ose t'affirmer comme un être unique, complet, avec une expérience de vie que personne d'autre ne possède. Sois fier de ce qui fait de toi quelqu'un d'unique.

25

Croire en l'amour

« L'amour se rit de la différence. »

Histoire vraie

L'amour semble parfois réservé aux autres. Lorsqu'on vit avec un handicap, il arrive que le doute s'installe : « Qui voudra de moi ? D'un handicap comme le mien ? ». Tu as peut-être déjà craint d'être perçu uniquement à travers cette différence, de devoir compenser pour mériter l'amour. Tu redoutes que ton handicap devienne une barrière infranchissable, un obstacle à une rencontre sincère. Ces pensées douloureuses traduisent une inquiétude profonde : celle de ne pas être aimé pour ce que tu es, entièrement, sans conditions.

Rassure-toi, tu es loin d'être seul. À force de galérer, on finit par ne voir que les contraintes de notre handicap. Et comme si ce n'était pas suffisant, on en rajoute une couche avec nos complexes physiques classiques : « Je ne suis pas assez grand, pas assez beau », « J'ai un gros nez, un sale caractère », « Et avec mon handicap en plus ? C'est mort ». Si on rajoute les blessures de l'estime, les failles, c'est un vrai cocktail d'auto-sabotage !

Pire encore, l'amour et le handicap sont de grands tabous dans notre société. Personne n'ose en parler. Et quand une personne handicapée est en couple, c'est limite un scoop. « Elle a un mec ? Il est valide ? Dingue, en plus il est beau gosse ! Mais comment elle a fait ? ».

Je ne vais pas mentir, avant de déconstruire mes propres croyances, je pensais exactement la même chose pour d'autres handicaps que le mien. Et j'ai honte de le dire mais j'avais même cette idée que les personnes valides qui sortaient avec des handicapés devaient forcément être des pervers, des gens qui profitaient, des âmes perdues qui cherchaient un pair.

Et puis un soir, un de mes meilleurs amis me lâche : « Je t'adore, mais jamais je ne sortirais avec toi. Ton handicap, c'est trop. »

Aïe. La claque monumentale ! Je me suis sentie vexée et, en même temps, une partie de moi était d'accord avec lui. Mais voilà, l'amour ne fonctionne pas comme ça. L'amour, ce n'est pas un concours de perfection !

Il y a peu, ma fille a posé la question à mon compagnon : « Ça ne te dérange pas que ma mère soit sourde ? ».

— Non, au contraire. Si elle n'avait pas été sourde, je ne serais pas tombé aussi amoureux. Parce que ce ne serait pas la même femme. Son handicap fait partie d'elle, et c'est cette femme-là que j'aime.

Et c'est là que tout s'éclaire : l'amour ne voit pas une « case », il embrasse une personne.

Pourquoi c'est important ?

L'amour n'est pas une récompense pour les parfaits. Il ne s'offre pas aux personnes qui cochent toutes les cases. Il surgit là où il y a connexion, authenticité, énergie. La première personne qui doit croire en ton droit à l'amour, c'est *toi*.

Pendant longtemps, j'ai cherché des contre-exemples à mes croyances limitantes. J'ai analysé des couples improbables, observé des relations qui marchaient malgré les différences. En réalité, l'amour ne suit pas les règles qu'on imagine.

Nick Vujicic, né sans bras ni jambes, est marié et père de quatre enfants. Lucie Carrasco, atteinte d'une maladie génétique, est follement heureuse avec Jean Datry, rencontré sur un site de rencontres. Laurent Gaudens, brûlé sur 60 % de son corps à 4 ans, a épousé son amour de jeunesse, qu'il a rencontré à 17 ans. Philippe Croizon, amputé des quatre membres, nous régale avec les anecdotes vécues avec sa femme Suzana.
Tu n'es pas une exception à aimer. Tu es une personne à rencontrer.

Passe à l'action

Et si tu décidais que l'amour est aussi pour toi ? Voici quatre étapes à suivre cette semaine pour tester immédiatement une nouvelle approche du regard que tu portes sur toi-même et sur l'amour.

1. **Libère-toi de tes croyances limitantes.** Note toutes tes pensées négatives sur l'amour et ton handicap. Trouve au moins un contre-exemple qui prouve que ce n'est pas une vérité universelle.
2. **Change de regard.** Regarde autour de toi : observe les couples atypiques qui fonctionnent. Ose leur poser des questions, discute avec eux. Tu découvriras que l'amour naît d'une alchimie bien plus profonde que ce que tu imagines. Échange avec quelqu'un sur un sujet qui te tient à cœur, en mettant en avant ce qui te passionne plutôt que ce que tu cherches à cacher.
3. **Reconnecte à ta valeur.** Demande à trois personnes de ton entourage ce qu'elles trouvent séduisant chez toi (au-delà du physique). Valorise ce qui te rend unique. Ne cherche pas à « compenser » ton handicap. Note chaque jour une chose que tu apprécies chez toi, en dehors du handicap. Et lors du rendez-vous, sois pleinement toi. L'attirance vient de l'énergie, du charisme, de la confiance en soi. Plus tu es en paix avec toi-même, plus tu attireras des relations qui te ressemblent

• • •

4. **Fais un petit pas, provoque la magie de la rencontre.** Ose une petite prise de risque dans ta vie sentimentale : parler à quelqu'un qui te plaît, envoyer un message sincère, exprimer tes envies sans peur du rejet. Sors, rencontre des gens, ose les applications de rencontres si ça te parle. L'amour ne viendra pas tout seul, mais il n'est pas hors de portée.

Synthèse

Tout le monde a droit à l'amour. Le problème, ce n'est pas ton handicap, mais ce que tu crois sur toi-même. Si tu penses que personne ne voudra de toi, tu dégages cette énergie et tu fais en sorte que ce soit vrai. Quand tu crois que tu es digne d'être aimé, tu attires les personnes qui le voient aussi.

Tu as peut-être moins de choix que d'autres, mais l'amour qui viendra à toi sera plus sincère, plus profond, plus authentique. Et ça, c'est bien plus beau qu'un simple coup de foudre basé sur des apparences. D'ailleurs, je dis souvent que le handicap est un « merveilleux tri à cons ».

26

Identifier ce que t'apporte ton handicap

« Ton handicap ne te limite pas.
Ce qui te limite, c'est ce que tu crois de toi. »

Histoire vraie

Pendant longtemps, si on m'avait demandé ce que m'apportait mon handicap, j'aurais éclaté de rire (ou envoyé bouler la personne). Franchement, quelle question débile.

Il m'empêche de téléphoner, il rend les conversations de groupe infernales, il m'oblige à mettre de la lumière partout au lieu de profiter d'une ambiance tamisée. Quel cadeau !

Je suis tombée sur le témoignage de Sylvain Pagès, un entrepreneur malentendant qui a enchaîné les galères toute sa vie : perte auditive, maladie dégénérative, échecs scolaires, faillites, douleurs chroniques, etc. Malgré ses épreuves, ce mec-là a transformé chaque difficulté en une force insoupçonnée.

Il a listé tout ce qu'elles lui avaient apporté :

« Je me rappelle tous les matins, que j'ai de la chance de pouvoir me réveiller.

J'ai aussi de la chance de pouvoir voir encore.

Je me fous du regard des autres.

Je lis sur les lèvres.

Je profite des gens que j'aime.

Je prête attention à mon alimentation.
Je fais régulièrement du sport.
Je profite aussi de la vie !
J'ai appris les valeurs du travail, et du respect.
J'ai cinq entreprises qui tournent.
J'ai atteint l'indépendance financière grâce à l'entreprenariat et l'immobilier.
J'ai deux garçons qui me rendent heureux.
J'ai un niveau de résilience élevé.
Je me suis éloigné des personnes toxiques et pathogènes.
Je souhaite le bonheur à tout le monde.
J'ai fait la plus belle des explorations, celle de mon moi intérieur.
Je suis entré dans le monde des éveillés.
Je crois fermement que les seules limites dans ce monde sont dans notre tête.
Et chaque jour, je m'efforce de devenir une meilleure version de moi-même.
Finalement, ça vaut le coup de souffrir un peu… »
Quelle révélation !
Je me suis dit : « Attends, et moi, qu'est-ce que mon handicap m'a appris ? ». J'ai pris un papier et un stylo, puis j'ai listé non pas ce que j'avais perdu, mais ce que j'avais gagné.

Pourquoi c'est important ?

Ton handicap ne te définit pas. Tu peux le voir comme un frein. Honnêtement, parfois, c'en est un.
Tu peux cependant aussi le voir comme un levier. Ce n'est pas une question de *bisounourserie*. Ce n'est pas « positivons à tout prix ». C'est juste une question de regard.
Si tu cherches à comprendre ce que ton handicap t'a apporté, tu vas vite comprendre qu'il t'a donné des ressources que peu de gens possèdent : une résilience hors du commun,

une capacité à penser autrement, une créativité folle pour contourner les obstacles, un regard affûté sur le monde et les autres, une force intérieure que tu ne soupçonnais pas. Reste à savoir comment les utiliser pleinement.

Quand j'ai changé de perspective, j'ai compris que mon handicap m'avait aussi permis de vivre des expériences incroyables. J'ai posé en couverture de *Forbes*. J'ai reçu l'Ordre national du mérite. J'ai animé une émission de télévision. J'ai rencontré des gens exceptionnels. J'ai appris à voir la vie autrement, à la savourer, à m'affranchir du regard des autres. J'ai compris que je suis plus libre que je ne le pensais.

En définitive, je me suis prouvé à moi-même que rien ne pouvait réellement m'arrêter.

Passe à l'action

Dresse ta propre liste ! Exercice simple, mais ultra-puissant. Prends une feuille et divise-la en deux colonnes. À gauche, liste tout ce que ton handicap t'a empêché de faire. À droite, liste tout ce qu'il t'a permis de vivre, d'apprendre et de développer.

Tu veux des idées ? Pioche dans ma liste :

1. j'ai appris à me battre et à surmonter les obstacles ;

2. j'ai développé une intuition fine des gens et des situations ;

3. j'ai appris à ne plus me soucier du regard des autres ;

4. j'ai le réflexe de trouver des solutions aux problèmes en entreprise ;

5. j'ai découvert une liberté immense en sortant des cases qu'on voulait m'imposer ;

6. j'ai pris des décisions folles (acheter un voilier sans savoir naviguer !), juste parce que j'ai arrêté de me limiter.

Prends le temps de relire ta liste. Tu es déjà bien plus fort que tu ne le penses.

Synthèse

Ton handicap est un terrain d'apprentissage. Tu peux le voir comme un mur infranchissable, ou comme un entrainement de haut niveau à la vie, dans lequel chaque défi te rend plus fort. Est-ce que c'est toujours facile ? Non. Est-ce que ça vaut le coup d'apprendre à le transformer en force ? Mille fois oui.

Alors, à toi de jouer. Continue de te plaindre ou commence à voir tout ce que tu peux en tirer, continue de subir ou décide de reprendre le contrôle.

27

Prendre enfin sa place

« Ta place ne t'attend pas. C'est à toi d'aller la chercher. »

Histoire vraie

Pendant dix ans, j'ai été salariée alors que, au fond de moi, j'ai toujours rêvé d'être à mon compte. J'étais tétanisée. Et si mon handicap faisait peur aux clients ? Et s'ils mettaient à hésiter entre deux prestataires, et que j'étais recalée à cause de ça ? Financièrement, comment je vais m'en sortir ? Et puis, j'entendais autour de moi : « Tu es avocate, tu as fait huit ans d'études pour ça, pourquoi tu veux tout jeter à la poubelle ? », « Ici, personne ne vit de la conférence, Virginie… Et si ça ne marche pas, tu feras quoi ? »

Bref, j'avais intégré que je devais me contenter de ce qu'on me donnait, au lieu d'aller chercher ce que je voulais vraiment. Et puis, un jour, j'ai pris mon courage à deux mains. J'ai décidé de tenter ma chance. Aujourd'hui, mes conférences sont très demandées, que ce soit en France ou à l'étranger. Je suis une des seules en France à en vivre et plutôt bien, y compris chez les valides ! Je n'ai presque pas besoin de faire de publicité et j'arrive même à payer les études onéreuses de mes enfants.

J'ai compris que personne ne viendra me tendre ma place sur un plateau d'argent. Si on veut ce qu'on mérite, on doit aller le chercher.

C'est comme Superman : il est né avec ses pouvoirs, mais ses parents adoptifs lui disaient de ne pas les utiliser, pour ne pas se faire remarquer. Il a heureusement fini par comprendre que son pouvoir ne devait pas rester caché. C'est comme ça qu'il est devenu le super-héros que tout le monde connaît.
Et toi, vas-tu continuer à cacher ton pouvoir ?

Pourquoi c'est important ?

Personne ne te donnera ta place, c'est à toi de la prendre. On nous a trop appris à nous conformer, à faire ce qu'on attend de nous, à choisir la sécurité, à ne pas trop rêver, à rester bien sagement à notre place. Un chemin dessiné par d'autres ne mène pas forcément à l'épanouissement. Si tu sais au fond de toi que tu es fait pour autre chose, écoute cette petite voix.
Regarde autour de toi : les personnes qui marquent le monde ne sont pas celles qui attendent la permission. Ce sont celles qui prennent le risque de s'imposer, d'exister, d'être pleinement elles-mêmes.
Frida Kalho est l'une des rares femmes peintres mondialement célèbres. Mimie Mathy crève l'écran depuis plus de 20 ans. Dorine Bourneton a changé la loi pour pouvoir piloter un avion en étant paraplégique. Philippe Croizon a relié les cinq continents à la nage sans bras ni jambes. Gilbert Montagné est également un chanteur reconnu et très apprécié. Si eux l'ont fait… qu'est-ce qui t'empêche, toi, de prendre ta place ?

Passe à l'action

Et si, cette semaine, tu décidais d'être pleinement toi-même, sans retenue ? Voici trois étapes à suivre pour tester immédiatement ta capacité à prendre ta place.

1. **Fais l'inventaire de tout ce que tu aimerais faire mais que tu n'oses pas.** Qu'est-ce qui, aujourd'hui, t'empêche de prendre ta place ? Ta peur du regard des autres, ton manque de confiance, tes croyances limitantes ? Qu'est-ce que tu repousses toujours à plus tard pour ces raisons ? Demande-toi si c'est une vraie barrière ou juste une peur.
2. **Visualise le pire des scénarios.** Souvent, nos peurs sont exagérées. En réalité, le pire scénario est rarement dramatique et la plupart des choses qui nous stressent ne se produisent jamais. Voici d'ailleurs un dessin pour t'aider à prendre du recul sur tes peurs :

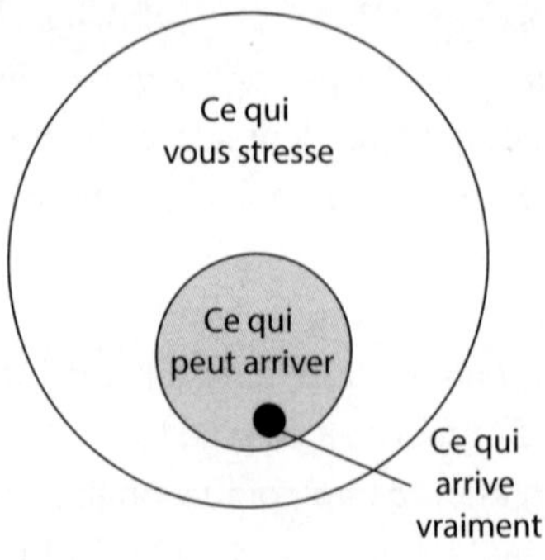

3. **Engage-toi à faire un premier pas.** Identifie une situation où tu as tendance à te mettre en retrait et impose-toi consciemment d'essayer (un coup de fil, un mail, une prise d'info, peu importe). Toute grande transformation naît d'une simple décision, et tout pouvoir commence par l'action.

Synthèse

Combien de temps vas-tu encore attendre ? Tu es peut-être là, à te dire qu'un jour tu oseras, que ce n'est pas le bon moment ou que tu n'es pas prêt. Spoiler : le bon moment, c'est *maintenant !*

Tu as déjà ce qu'il faut en toi, Mais pour que le monde le voie, tu dois oser le montrer. Ta place ne t'attend pas. C'est à toi d'aller la chercher.

28

Apprivoiser l'inconfort pour mieux grandir

« Ce que tu veux se trouve souvent juste de l'autre côté de l'inconfort. »

Histoire vraie

Sourde profonde de naissance, j'ai toujours rêvé de pouvoir téléphoner comme tout le monde. Un détail pour beaucoup, un Everest pour moi. J'ai tout essayé. Vraiment tout.
C'est mon frère qui m'aidait dans mes premières tentatives : on appelait la maison depuis une cabine téléphonique pour m'entraîner. Guillaume me répétait des phrases toutes simples comme « Bonjour, comment vas-tu ? ». Échec total. Je ne comprenais rien. Mais on persévérait, obstinés. Après des semaines et toutes nos économies dilapidées, j'ai dû accepter que mes progrès étaient trop lents. Accepter ses limites fait partie du processus.
À 18 ans, une amie sourde implantée réussissait à téléphoner. Elle m'a donné envie de tenter l'expérience. Résultat : une opération chirurgicale, quatre ans d'efforts, des migraines infernales, une paupière qui cligne toute seule et une fatigue écrasante. J'ai dû arrêter. Ce qui fonctionne pour les autres ne fonctionne pas forcément pour toi.

Tamtam, Minitel, SMS, chats en ligne… petit à petit, les solutions sont arrivées. Quand les SMS sont devenus illimités, je l'ai vécu comme une révolution personnelle. Quand tu es obsédé par un objectif, mille solutions finissent par se présenter.
Malgré tout, pendant longtemps je dépendais de quelqu'un pour passer mes appels. Pour certaines conversations privées (« Allo, gynéco ? »), cette dépendance devenait franchement gênante… L'autonomie est essentielle, surtout pour les sujets délicats.
À 36 ans, grâce à une plateforme de transcription en temps réel, j'ai enfin pu passer mon premier appel seule. Ce n'était pas avec mes oreilles, mais peu importe, ça marchait ! La solution n'est pas toujours celle que tu imaginais au départ, mais l'important, c'est qu'elle fonctionne.
Nous avons tendance à fuir l'inconfort, à éviter l'inconnu, à rester dans nos habitudes. Pourtant, c'est précisément dans ces moments de turbulence que l'on grandit le plus.

Pourquoi c'est important ?

Combien de fois restons-nous coincés dans une situation qui ne nous plaît pas, par peur du changement ?
Moi aussi, j'ai hésité. Quand mon travail ne me convenait plus, mais que le salaire et la stabilité me rassuraient. Quand je voulais quitter Paris pour vivre au vert, mais que ma carrière risquait d'en pâtir. Quand je ne me sentais plus épanouie dans ma vie de couple, et que personne dans ma famille ne comprendrait un départ parce qu'extérieurement, nous avions l'air du couple idéal.
On fuit l'inconfort comme la peste, mais c'est lui qui nous révèle. Oui, c'est flippant. Mais c'est aussi vivant. Chaque fois, j'avais de bonnes excuses pour ne rien faire. Bien sûr, à chaque fois, j'ai eu la sensation de me jeter dans le vide…

Évidemment, j'ai aussi tergiversé mille fois. Un pas en avant, trois pas en arrière. Par exemple, lorsque j'ai pris la décision de négocier une rupture conventionnelle, cela m'a pris plusieurs mois pour être prête à le verbaliser auprès de la RH. Je suis partie en vacances en Guadeloupe et pendant tout mon séjour, je me disais : « Lundi en rentrant, tu lances la bombe ! ». Le jour J est arrivé, j'étais gonflée à bloc ! En voyant les locaux, mes collègues préférés, en revivant ma petite routine professionnelle, en voyant mes aménagements de poste, je me suis dégonflée… Ce n'est que deux jours après, parce que j'ai appris successivement quatre mauvaises nouvelles professionnelles (coup de pouce de la vie ?), que je me suis enfin décidée ! Chaque fois, j'ai fini par sauter le pas. Et tu sais quoi ? Je n'ai jamais regretté.

Le changement reconnecte à la vie, il nous pousse à explorer de nouvelles facettes de nous-mêmes. Regarde les personnes qui repoussent les limites : Axel Allétru, vice-champion du monde junior de BMX, qui après un accident, devient champion d'Europe de paranatation. Priscille Deborah, tri-amputée, première femme avec un bras bionique et peintre internationale. Eléonore Laloux a une trisomie 21 et se régale comme conseillère municipale à Arras. Dorine Bourneton continue à piloter des avions malgré un accident qui la cloue dans un fauteuil roulant. Jean-Dominique Bauby, un journaliste victime du *locked-in* syndrome, qui a dicté son livre *Le scaphandre et le papillon* en clignant d'un œil.

Rien ne les prédestinait à ces exploits. La seule différence, c'est qu'ils ont osé l'inconfort.

Passe à l'action

Prêt à faire de l'inconfort ton allié ? Voici trois étapes à suivre cette semaine pour tester immédiatement une nouvelle approche de l'inconfort.

1. **Identifie une situation inconfortable dans ta vie** là où tu sens que ça coince. Est-ce un travail qui ne te satisfait plus ? Une relation qui ne t'épanouit pas ? Un rêve que tu repousses ?
2. **Décompose-la en petites actions accessibles.** Pas besoin d'un grand saut dans le vide. Juste un premier pas.
3. **Engage-toi à passer à l'action dans la semaine.** Pas demain, pas « un jour » mais cette semaine. L'inconfort est temporaire. Le regret, lui, peut durer toute une vie.

Synthèse

L'inconfort est un indicateur. Pas un ennemi. C'est lui qui te montre le chemin vers ta prochaine version. Alors au lieu de le fuir, prends-le par la main.

Vouloir un corps athlétique implique de souffrir en sport. Vouloir changer de carrière implique d'affronter le risque. Vouloir une vie plus alignée implique de sortir des sentiers battus. Le changement est effrayant, mais il est aussi la clé d'une vie plus intense, plus alignée, plus vraie.

La prochaine fois que l'inconfort frappe, avance !

29

Agir ou rien

« Chaque jour, fais juste un petit pas imparfait vers ton objectif. »

Histoire vraie

Sais-tu ce qui sépare les personnes qui réussissent de celles qui stagnent ? Ce n'est pas le talent ni l'intelligence. Ce n'est certainement pas la chance non plus. C'est l'action.

Craindre d'échouer est un paralyseur terrible ! C'est vrai pour tout le monde, et peut-être encore plus quand on a un handicap. « Déjà qu'on a un handicap, on ne va pas en plus se vautrer publiquement ! » Ou on se dit au contraire « Puisque personne ne m'attend, qu'ai-je à perdre ? ». Mais ce n'était pas mon cas.

Entre nous, on connaît tous des personnes brillantes, bourrées d'idées géniales, mais qui ne passent jamais à l'action. Et, à l'inverse, on voit aussi des personnes sans diplôme, sans réseau, avec peu de moyens, mais qui parviennent à avancer, à oser, et qui finissent par réussir.

Moi-même, j'ai longtemps été une accumulatrice de connaissances. J'ai lu des centaines de livres de développement personnel, suivi plus d'une cinquantaine de formations en ligne, pris des notes précieuses partout où je pouvais.

Pourtant, je suis restée coincée pendant des années. « Je ne suis pas encore prête », « Je dois d'abord apprendre encore un

peu », « Et si j'échoue ? ». Je trouvais toujours une excuse pour ne pas me lancer.
Jusqu'au jour, j'ai compris une chose essentielle : la réussite ne vient pas de ce que tu sais, mais de ce que tu fais avec ce que tu sais. Au lieu de me fixer un objectif vague du style « Un jour, j'aimerais être conférencière… », j'ai donc décidé de faire un premier pas concret. J'ai appelé une amie pour organiser une première prise de parole devant un groupe de dix personnes.
Résultat, j'ai compris que ce n'était pas aussi terrifiant que je l'imaginais. À vrai dire, ça m'a donné l'élan pour continuer.

Pourquoi c'est important ?

L'action est le pont entre ton ambition et ta réalité. On a tous des rêves, des objectifs, des envies. Cela dit, tant qu'ils restent dans notre tête, ils ne valent rien.
Tu veux écrire un livre ? Commence par rédiger une page. Tu veux changer de job ? Envoie une candidature aujourd'hui. Tu veux lancer ton projet ? Planifie ton premier appel avec un client potentiel.
L'erreur que l'on fait souvent, c'est d'attendre d'être parfaitement prêt avant de se lancer. Et si « plus tard » était justement la plus grande illusion qui t'empêche d'avancer ? On se compare aux personnes qui ont déjà réussi. On se dit que ça semble impossible à notre niveau. On craint l'inconnu, alors on procrastine.
L'astuce, c'est de commencer petit.
Il y a trois excuses qui tuent l'action et qu'il faut apprendre à détruire.

1. « Je ne suis pas prêt. » → Personne ne l'est jamais totalement. L'action précède la préparation, pas l'inverse. D'ailleurs Mike Horn, célèbre aventurier dit « Pour se mettre en marche,

il suffit d'avoir 5 % de réponses à ses questions. Les 95 % restantes viennent le long du chemin. Ceux qui veulent 100 % de réponses avant de partir restent sur place. »
2. « J'ai peur d'échouer. » → L'échec n'est pas le contraire de la réussite, c'est une étape nécessaire pour y arriver.
3. « Je n'ai pas le temps. » → Tu n'auras jamais le temps. Ce sont tes priorités qui définissent ton emploi du temps, pas l'inverse.

Passe à l'action

Voici quatre étapes clés pour passer à l'action sans plus tarder.

1. **Choisis un objectif qui te tient à cœur.** Celui qui t'appelle.
2. **Applique la méthode Smart pour le rendre concret.** La méthode Smart est un outil puissant pour transformer tes idées en actions concrètes. *Spécifique :* définis clairement ton objectif (« Je vais contacter cinq entreprises pour proposer ma conférence. »). *Mesurable :* assure-toi de pouvoir évaluer ta progression (« Je veux décrocher au moins deux réponses. »). *Atteignable :* fixe un objectif que tu peux atteindre avec tes ressources actuelles (« Cinq entreprises, c'est réaliste. »). *Réaliste :* vérifie que ton objectif a du sens pour toi (« Ça correspond à mon ambition. »). *Temporel :* impose-toi une date limite (« D'ici vendredi soir. »). Si tu appliques cette méthode, tu vas voir que tes objectifs deviennent tout de suite beaucoup plus concrets et accessibles !
3. **Identifie la première action simple que tu peux faire aujourd'hui.**
4. **Fais-le, même si c'est imparfait.** Surtout, arrête de trop réfléchir. Un pas en avant, même minuscule, vaut mieux que 1 000 heures de réflexion. L'élan vient de l'action, pas l'inverse. Fais le premier pas et le chemin apparaîtra. C'est le mouvement qui crée l'élan.

Synthèse

Tu veux une vie différente ? Ne pense pas plus fort. Agis.
Tu n'as pas besoin d'avoir tout prévu pour avancer. Tu n'as pas besoin d'être parfait pour commencer. Tu n'as pas besoin d'avoir zéro doute pour réussir. Agis, agis, agis ! Point !
Fais un pas. Puis un autre. Et regarde ton monde se transformer.

Conclusion

Tu as entre tes mains bien plus de pouvoir que tu ne crois. Si tu es arrivé jusqu'ici, c'est que quelque chose en toi est prêt. Pas à changer ton handicap, mais à changer ton regard sur toi-même.

Tu n'as rien à prouver. Ta valeur ne dépend pas du regard des autres, ni des cases dans lesquelles les autres voudraient te faire rentrer.

Tu n'as rien à justifier. Être toi-même est déjà suffisant. Pas besoin de permission. Pas besoin d'excuses.

Ta valeur ne dépend de personne. Pas des autres, ni normes, ni de la société. Elle est là, en toi, depuis toujours. Il est temps de la reconnaître et, surtout, de l'incarner.

Tu sais désormais une chose essentielle : ta différence n'est pas un frein mais un levier, un moteur, une force.

Chaque défi que tu as surmonté, chaque barrière que tu as franchie, chaque fois que tu as dû faire deux fois plus d'efforts, tout cela t'a forgé. Pourquoi ne pas en faire une force ?

Et maintenant, que fais-tu de tout ça ?

Tu peux refermer ces pages et te dire : « C'était inspirant. » Ou tu peux décider d'agir.

Ose t'exprimer là où tu te serais tu.

Ose demander ce qui te revient sans te sentir coupable.

Ose dire « je mérite » à la place de « je m'excuse ».

Parce que ce monde a besoin de personnes vraies, qui osent sortir du rang pour incarner pleinement qui elles sont. Ce monde a besoin de toi. Pas demain. Pas quand tu seras prêt. Maintenant.

Alors lève-toi. Affirme-toi. Rayonne. Prends ta place. Toute ta place. Sans compromis. Sans permission. Avec fierté.

C'est ton moment. Vas-y !

Au travail

V

Et si ton travail devenait bien plus qu'un job ? Et si c'était le début d'une aventure, pas juste une case à cocher ?

On nous a trop souvent appris que le travail est une contrainte, un passage obligé, une corvée nécessaire. Et si on changeait de perspective ? Et si ton travail devenait un moyen d'exprimer ta singularité, de te réaliser, de gagner en liberté ?

On ne va pas se mentir, quand on vit avec une différence, les portes ne s'ouvrent pas toujours toutes seules. « Ça va être compliqué avec votre profil… », « Vous pensez pouvoir suivre le rythme ? », « Vous êtes certain que ce poste vous conviendra ? ». Ces phrases, on les connaît trop bien. Oui, les préjugés sont bien réels. Mais devine quoi ? La résilience, l'adaptabilité et la créativité le sont tout autant. Et ces qualités, c'est toi qui les maîtrises.

Dans les pages qui suivent, je vais te partager des stratégies, des leviers concrets et des conseils que j'aurais aimé connaître plus tôt. Comment décrocher le job que tu mérites et t'intégrer en toute confiance ? Comment saisir les opportunités au lieu d'attendre qu'elles tombent du ciel ? Comment explorer d'autres chemins, comme l'entrepreneuriat ?

Tu n'es pas condamné à subir ta carrière. Tu peux la façonner, l'influencer et la modeler à ton image. C'est ton moment. Ta route. Ton pouvoir.

Alors, prêt à faire la différence ?

30

Trouver un job

« Ne doute jamais de ta valeur à cause du regard d'un recruteur. Ce n'est pas toi qu'il faut convaincre, c'est le monde qu'il faut éclairer. »

Histoire vraie

Tu postules à un poste. Tu coches toutes les cases. Ton CV est solide, ton parcours est cohérent, tes compétences sont là et, pourtant… rien. Pas de réponse, pas d'entretien, pas de retour. Juste un grand vide et quelques silences gênés de recruteurs mal à l'aise. C'est frustrant, démoralisant, épuisant. La vérité c'est que ce n'est pas toi le problème, et ce n'est pas ton handicap non plus. C'est leur regard sur ton handicap. Leur inconfort. Pas ta valeur !

Je me souviens encore de ma première recherche d'emploi en Suisse. J'étais fraîchement diplômée avocate, bac +7, un CV prestigieux. Sur le papier, j'avais tout pour séduire les recruteurs.

Premier choc, mon diplôme d'avocat français n'était pas reconnu en Suisse. Deuxième choc, chaque cabinet de recrutement me disait la même chose, avec un malaise palpable : « Vous avez un excellent CV, mais… votre particularité… il va falloir convaincre. » (Traduction : « Vous êtes sourde, et on ne sait pas quoi en faire »). Troisième choc, pas un seul entretien obtenu après des mois de recherches.

J'étais dévastée. Je doutais de moi. Je me sentais comme une loque sociale.

Un jour, à bout, j'ai décidé d'activer mon réseau familial et amical. Et là, miracle ! Je décroche un poste dans une compagnie d'assurances à Genève.

Avec le recul, j'ai compris plusieurs choses. D'abord, je ne savais pas comment parler de mon handicap. J'essayais de le cacher, au lieu de l'expliquer et de rassurer. Ensuite, je manquais cruellement de confiance en moi Comment convaincre un recruteur si moi-même je doutais de ma valeur ? Je partais battue d'avance. Et ça se voyait dans mon attitude.

Si je pouvais parler à la Virginie de cette époque, je lui dirais : « Respire. Tu as des compétences. Le bon job pour toi existe. Il suffit de la bonne approche, du bon contact et du bon état d'esprit. »

Pourquoi c'est important ?

Ton handicap n'est pas ton identité professionnelle. Tu es bien plus que ça : un candidat avec des compétences, une énergie, une vision. Tu as de la valeur.

Oui, des obstacles existent. Mais les barrières tombent devant les bons arguments et la bonne posture. Les employeurs recherchent avant tout des talents, de l'engagement, et des solutions.

En France, les entreprises de plus de vingt salariés doivent employer 6 % de travailleurs handicapés. Et toi, tu arrives avec des talents *et* une solution. Alors joue tes cartes à fond.

De plus, tu n'es pas obligé de révéler ton handicap. C'est un choix stratégique. À toi de voir si c'est pertinent pour toi et pour l'entreprise.

Passe à l'action

Prêt à booster ta recherche d'emploi ? Voici six leviers concrets pour transformer ta recherche d'emploi.

1. **Repère les entreprises handi-accueillantes.** Cherche celles qui ont une mission handicap ou un label. Contacte directement leur référent handicap pour maximiser tes chances.
2. **Optimise ton CV intelligemment.** Adapte ton CV à chaque offre. Utilise les mots-clés de l'annonce. Montre que tu es la réponse qu'ils cherchent.
3. **Prépare un discours clair et impactant sur ton handicap.** Si tu souhaites mentionner ton handicap, fais-le bien : explique-le avec confiance. Montre les solutions que tu as trouvées pour travailler efficacement. Prépare des exemples concrets de ta capacité à t'adapter et à surmonter les obstacles. Montre que ton handicap ne définit pas ta valeur, mais t'a renforcé : résilience, adaptation (et éventuellement capacité à faire autant, voire mieux que les autres avec moins). Enregistre-toi en train de te présenter en une minute comme si tu étais en entretien. Écoute-toi et améliore ton discours.
4. **Affirme tes compétences avant tout.** Prépare des exemples concrets de réussite de missions et projets. Transforme les trous dans ton CV en atouts (formations, projets personnels, apprentissages, expériences humaines). Demande des lettres de recommandation à tes précédents employeurs, managers et collègues.
5. **Joue sur l'énergie et l'enthousiasme.** Les recruteurs aiment les candidats motivés et engagés. Ils cherchent une vibe. Sois positif, pro et montre ce que tu peux apporter à l'entreprise.
6. **Profite de tes réseaux.** Chercher du travail n'est pas facile ! Et quand nous sommes issus d'une minorité, quelle qu'elle soit (personnes de couleur, d'origine, de religion, de culture, de sexualité différente), c'est encore plus vrai ! Alors sois proactif. Fais de LinkedIn ton terrain de jeu. Optimise ton profil et interagis avec les recruteurs handi-accueillants.

• • •

Chaque jour, ajoute et contacte au moins cinq personnes sur LinkedIn travaillant dans ton secteur. Nous qui avons un handicap, avons la chance de bénéficier de réseaux d'aide supplémentaires : des salons digitaux dédiés (Hello Handicap, etc.), de sites internets, un conseiller France Travail pour t'aider, des pages LinkedIn qui relaient les « annonces dédiées » comme CaVaReQruTHer.

Synthèse

Trouver un job n'est pas une question de chance mais de stratégie. Plus tu mets en place des actions concrètes, plus tes chances augmentent. Au lieu d'envoyer des candidatures au hasard, réfléchi, cible et passe à l'action intelligemment. Fais de ta différence une force.

N'oublie pas : tu n'es pas seul. Il existe des aides, des réseaux et des solutions. Et surtout, crois en toi. Parce que si tu n'y crois pas, personne ne le fera à ta place.

31

Une fois embauché

« Ce n'est pas à toi de t'adapter au monde du travail.
C'est au monde du travail de comprendre qu'il a besoin de toi. »

Histoire vraie

Bravo, tu l'as fait ! Tu as franchi la première grande étape : tu as été recruté. Et là, tu pourrais croire que le plus dur est derrière toi. En réalité, c'est là que tout commence.

La vérité, c'est qu'il va maintenant falloir prendre ta place. Tu débarques dans un nouvel univers, une nouvelle équipe, un nouvel équilibre. Comment te sens-tu le premier jour ? excité ? stressé ? pas légitime ? C'est normal. Tout le monde se pose des questions. Et quand on a un handicap, il y a souvent une couche supplémentaire de doutes.

Le vrai défi commence en effet maintenant. Il va falloir t'intégrer dans une équipe qui n'a peut-être jamais travaillé avec une personne handicapée. Comment montrer ta valeur sans être réduit à ton handicap ? Comment faire en sorte que ton évolution professionnelle ne soit pas freinée ? Si je résume : Peut-on vraiment réussir avec un handicap dans un monde professionnel encore marqué par des préjugés ?

La réponse est oui. Je le sais, car j'ai rencontré ces personnes qui ont brisé le plafond de verre du handicap en entreprise, dans les institutions, dans le sport, dans l'entertainement.

Moi aussi, je me suis longtemps demandé si c'était possible de faire carrière en étant handicapée. Quand je regardais autour de moi, les figures inspirantes étaient des artistes (Mimie Mathy, Gilbert Montagné, Jamel Debbouze, etc.) ou des sportifs (Théo Curin, Philippe Croizon, etc.). Dans le monde de l'entreprise ? A priori personne.

Jusqu'au jour où, encore étudiante, j'ai croisé un ingénieur sourd qui travaillait comme cadre chez Areva. Ce jour-là, j'ai su que c'était possible. Plus tard, j'ai compris que ces modèles existaient. Des cadres, des dirigeants, des membres de Comex qui boitent, qui sont sourds d'une oreille, qui ont une maladie invisible. Pourtant, tu ne les verras jamais en parler publiquement. Tout simplement parce qu'ils ont peur. Peur d'être vus comme plus faibles. Peur que leur handicap soit un frein à leur évolution de carrière. Peur de donner une raison à d'autres de douter de leurs capacités. Peur qu'on s'en serve contre eux alors qu'ils ont enfin touché le sommet. Et c'est ça, le vrai problème. Ces rôles modèles existent, mais ils restent invisibles. Et tant qu'ils se cachent, d'autres continueront à croire que ce n'est pas pour eux…

Il existe pourtant une autre voie. Celle qui consiste à assumer son parcours, à en faire une force et à prouver que la diversité est une richesse.

Prenons l'exemple d'Arthur Sadoun, président du directoire de Publicis qui, en 2022, a choisi de rendre public son cancer de la gorge. Dans une vidéo destinée à ses équipes, il raconte son combat avec sincérité et humilité. En faisant cela, il voulait couper court aux rumeurs. Il refusait d'être vu comme affaibli. Il voulait montrer que même un leader peut être vulnérable. Ça a marché. Loin de le fragiliser, sa transparence a renforcé son leadership. Il a donné une nouvelle dimension à son rôle, plus humaine, plus inspirante.

Toi aussi, tu as le choix. Tu peux te cacher et laisser les autres croire que le handicap n'a pas sa place dans le monde du travail. Ou tu peux assumer ton parcours et devenir un

exemple pour celles et ceux qui viendront après toi. Tu as un rôle à jouer.
Et moi ? J'ai choisi mon camp !

Pourquoi c'est important ?

Tu viens d'être embauché ? C'est une victoire. Mais ne t'imagine pas qu'il faut être parfait tout de suite. Voici trois croyances erronées à balayer :

4. « Je dois être parfait tout de suite. » → Non. Tout le monde met du temps à prendre ses marques. Sois bienveillant avec toi-même.

5. « Mon handicap va déranger les autres. » → La plupart des gens ne savent juste pas comment réagir parce qu'ils manquent d'informations. Informe-les avec clarté et simplicité (en faisant court !).

6. « Je dois tout faire seul pour montrer que je suis capable. » → Savoir demander de l'aide n'est pas une faiblesse. C'est un signe d'intelligence et de professionnalisme, et c'est efficace.

Contrairement à ce que l'on pourrait croire, ton handicap n'est pas un problème. C'est même un atout stratégique.

Pour ton entreprise. En t'embauchant, elle affiche son engagement pour la diversité et l'inclusion. Elle attire de nouveaux talents sensibles aux valeurs d'équité et d'humanité. Elle montre qu'elle sait évoluer avec son temps. Elle bénéficie de tes soft skills et de tes *mad skills*[1]. Elle rassure ses autres salariés. Ils découvrent être dans une entreprise qui donne sa chance à chacun, même en cas d'accident de la vie.

1. Les *mad skills*, ou compétences folles, désignent des compétences atypiques, originales, voire surprenantes, souvent acquises en dehors du cadre professionnel classique. Contrairement aux *soft skills* (compétences comportementales) ou aux *hard skills* (compétences techniques), elles reflètent ce qui rend une personne vraiment unique, c'est ce petit « plus » qui peut tout changer. Elles ne sont pas là pour faire joli, mais pour montrer ce que personne d'autre ne peut copier chez toi.

Pour ton équipe. Tu apportes une nouvelle manière de voir les choses. Tu montres comment réussir en travaillant autrement. Tu développes l'entraide et la solidarité = l'humain au travail. Tu améliores les pratiques managériales, en amenant plus de flexibilité et d'adaptabilité.

Pour toi. Tu montres que rien ne t'arrête. Tu inspires les personnes qui doutent encore. Tu prouves que la valeur d'un professionnel ne se mesure pas à son apparence, mais à ses compétences.

Pour ta première semaine, fais-toi confiance ! Tu ne viens pas remplir un quota. Tu viens apporter de la valeur.

Passe à l'action

Prêt à réussir ton intégration au travail ? Voici cinq clés pour faciliter ton adaptation dès les premiers jours.

1. **Décide si tu veux assumer ou cacher ton handicap.** C'est un choix personnel. Sache cependant que plus tu le vis sereinement, plus ton entourage l'acceptera. Si tu le fais, prépare une explication simple et claire pour éviter les malentendus. Lors de mes formations sur le management du handicap, les managers sont souvent en colère contre les personnes qui cachent leur handicap car cela crée des malentendus et des situations délicates dans les équipes.
2. **Observe et apprends les codes.** Apprends à observer ton nouvel environnement. Ne te mets pas la pression : ta priorité est de comprendre comment fonctionnent les choses. Qui fait quoi ? Quels sont les codes de l'entreprise ? Qui peut t'épauler ?
3. **Trouve des alliés.** Identifie deux ou trois personnes de confiance pour te soutenir et t'aider à naviguer dans la culture de l'entreprise : des collègues ouverts, les référents

• • •

handicap, des séniors, des assistantes. Ne reste pas isolé : les réseaux de travailleurs handicapés existent ! Et si ce n'est pas le cas, crées-le ! Lorgne aussi du côté des séniors qui ont souvent envie de transmettre ou des assistantes de direction qui connaissent l'entreprise mieux que personne mais qui sont souvent sous-estimées.

4. **Sois proactif.** Identifie une compétence que tu maîtrises bien et qui peut apporter de la valeur à ton équipe. Mets-la en avant dès la première semaine. Tu es légitime. Tu es là pour contribuer.
5. **Anticipe tes besoins** : si tu as besoin d'aménagements, demande-les rapidement. Garde le contrôle de ton récit : si tu parles de ton handicap, fais-le avec confiance et en valorisant tes solutions, pas tes limites.
6. **Montre ta valeur progressivement.** Les premiers jours ne sont pas une course à la performance. L'important est d'être régulier et fiable. Fixe-toi des mini-objectifs pour progresser sans te surmener.

Au bout d'un mois, prends un moment pour faire un point : qu'est ce qui marche ? Qu'est ce qui te manque ? Où peux-tu progresser ?

Synthèse

Tu viens d'être embauché. C'est une victoire, mais c'est aussi le début d'un nouveau combat : celui de montrer que le handicap ne définit pas ta valeur. Certes, il y aura des moments de doute. Certes, tu devras parfois prouver plus que les autres. Mais chaque barrière que tu fais tomber ouvre la voie à celles et ceux qui viendront après toi.

Sois fier de qui tu es. Parce que le monde du travail a besoin de toi.

Et surtout, n'oublie pas : tu as décroché ce job parce que tu as des compétences et de la valeur. Alors respire, observe, et avance à ton rythme. Ta place, elle est déjà là.

32

Faire la différence en entreprise

« Ne bosse pas juste bien, bosse intelligemment.
Ceux qui avancent savent aussi se faire remarquer. »

Histoire vraie

Tu bosses bien, tu es compétent, tu respectes les délais et tu fais le job. Mais est-ce que ça suffit pour évoluer ? Pas forcément. Ce constat important est d'ailleurs valable pour tout le monde, handicap ou non. Mais quand on a un handicap, le plafond de verre est plus bas, plus épais, voire invisible.
Un soir, lors d'un dîner avec des amis de fac, j'ai réalisé avec surprise que je gagnais mieux ma vie que la plupart d'entre eux. J'étais pourtant la seule à travailler à 80 % et la seule en situation de handicap. Sur le moment, j'ai été à la fois étonnée et un peu mal à l'aise. Pourquoi moi ? Qu'est-ce qui explique cette différence ?
Puis quelque temps plus tard, nouvelle discussion, cette fois avec des amis sourds. Tous ultra-diplômés, brillants, compétents. La majorité d'entre eux me confient se heurter à un plafond de verre. Deuxième choc. En creusant plus largement, j'ai appris enfin que seulement 7 % des cadres sont en situation de handicap et beaucoup ne font pas reconnaître leur handicap par crainte d'être stigmatisés au travail. Seuls 2 % d'entre eux déclarent disposer d'une reconnaissance administrative de leur handicap, contre

5 % pour l'ensemble des actifs. Enfin, à peine 1 % des femmes handicapées accèdent à ces postes. Là, j'ai pris une vraie claque ! Deux questions m'ont frappé de plein fouet : pourquoi moi, j'y suis arrivée, sans avoir eu l'impression de forcer ? Qu'ont en commun les personnes qui réussissent malgré leur handicap ? J'ai pris le temps d'y réfléchir, d'analyser, d'échanger. Peu à peu, j'ai identifié des leviers. Des stratégies, parfois conscientes, parfois non, mais qui semblent récurrentes chez celles qui parviennent à franchir les obstacles. Il y en a neuf que je partage avec toi ici.

D'abord, il faut **négocier dès son embauche**. Trop de travailleurs handicapés acceptent un salaire sous-évalué par peur de ne pas trouver mieux. Pour ma part, si je n'étais pas d'accord avec le salaire proposé, je l'ai toujours accepté, à condition d'avoir une augmentation dès la fin de ma période d'essai si j'arrivais à apporter des résultats concrets à des objectifs fixés lors de l'entretien d'embauche. Et ça marche !

Rappelle-toi que plus ton salaire de départ est élevé, plus tes augmentations ensuite seront importantes. En cours de carrière, négocie des augmentations de salaire ou autres avantages (si l'augmentation de salaire n'est pas possible) chaque fois que tu peux les documenter (objectifs au-dessus des attentes, initiatives qui ont cartonné, gros problème résolu, etc.). En bref, rappelle-toi régulièrement que salaire, poste, conditions, missions… Tout se négocie !

Il faut aussi **éviter de travailler dans une boîte dont les valeurs ne te correspondent pas**. J'ai eu un poste ultra-prestigieux, mais qui ne me convenait pas du tout. Résultat, j'ai vécu un enfer qui m'a fait partir et même arrêter le droit. Impossible d'évoluer professionnellement dans un contexte qui te met en permanence en difficulté. Assure-toi donc d'être dans un environnement où tu peux exprimer tes talents naturellement.

Par ailleurs, **en plus d'aimer ce que l'on fait, il faut le faire savoir**. Un salarié passionné, ça se voit et ça fait toute la différence. Les managers adorent travailler avec des gens motivés, enthousiastes et proactifs. Ces personnes-là, pas besoin de les pousser… Kiffe ton job et montre que tu kiffes.

Aussi bon soit-il, un travail bien fait ne suffit pas toujours à faire reconnaître sa valeur. Il est essentiel de **partager ses idées** en réunion, de mettre en lumière ses projets et ses réussites – même lorsqu'elles paraissent simples. Prenons un exemple : un directeur annonce ses objectifs, communique sur ses avancées, célèbre ses réussites. Résultat, tout le monde sait ce qu'il fait et comprend sa valeur ajoutée. Ne laisse pas ton travail parler seul. Aide-le à se faire entendre. Il ne s'agit pas de se mettre en avant de manière arrogante, mais de raconter les réussites avec simplicité, authenticité, et humour, en valorisant aussi celles et ceux qui y ont contribué. L'objectif est de montrer son implication, son énergie, son engagement.

Le vrai game changer (point tournant) en entreprise, c'est aussi la capacité des gens à **apporter des solutions**. En organisant un énorme team building avec un mini-budget et en allant chercher des astuces dans les autres départements, j'ai marqué des points auprès de ma direction. Plus tu aides ton manager et ton entreprise à avancer, plus ils te le rendront.

L'un des autres pièges fréquents consiste à croire que rester neutre permet d'échapper aux jeux de pouvoir. Or, la neutralité n'est pas toujours protectrice. Même pour les personnes qui n'aiment pas ces jeux d'influence, il peut devenir nécessaire de **comprendre ce qui se joue en coulisses et les dynamiques invisibles** (Qui influence qui ? Qui décide vraiment ? Qui sont les soutiens silencieux ?). Cela permet d'avancer sans se faire bloquer.

Fais preuve d'intelligence relationnelle, mène ton enquête pour comprendre pourquoi les autres ont choisi cette entreprise, ce qu'ils aiment dans ce job, leurs passions dans la vie : tu les solliciteras ensuite pour t'aider dans ta mission selon tes besoins. Ils seront ravis de le faire car c'est ce qui les fait vibrer. Et agis de même selon le principe de la réciprocité (la base !). Sois sympa et intelligent dans tes interactions.

J'ai aussi relevé que **notre réseau est notre véritable super-pouvoir**. Les promotions sont souvent données sur la base de recommandations. Pour ma part, j'allais poser des questions à plein de services différents (juste pour apprendre et comprendre qui faisait quoi). J'organisais chaque jour des cafés, des déjeuners, des discussions informelles. Je discutais avec les assistantes de direction pour comprendre les organigrammes, ce qui allait, ce qui manquait, les changements, les ouvertures, etc. Je partageais les bons plans que je découvrais et les opportunités dont j'entendais parler. De cette façon, mon nom circulait partout… jusqu'au PDG. Il m'a d'ailleurs convoquée au moment de ma démission pour essayer de comprendre pourquoi « la moitié de l'entreprise lui parlait de moi ». Sur le coup, je n'ai pas su quoi répondre…

Enfin, parlons du fameux syndrome de l'imposteur. Tout le monde l'a, mais **ceux qui réussissent foncent quand même**. C'est d'ailleurs comme ça que l'on reconnait les leaders : comme les autres, ils ont peur mais ils avancent. J'ai accepté des missions où je ne savais pas tout faire et j'ai appris sur le tas. J'ai même créé plusieurs postes et je me suis aperçue ensuite que c'était ce que je préférais !

N'attends pas d'être prêt pour dire oui. Dis oui et deviens prêt, surtout si ça ressemble au poste dont tu rêves.

Pourquoi c'est important ?

Quand on est en situation de handicap, il faut souvent apprendre à contourner les règles implicites, à construire sa propre stratégie.

Identifier ce qui fonctionne, c'est ouvrir le champ des possibles… pour soi et pour les autres. Le plafond de verre existe et tu n'as pas à l'accepter. Tu peux apprendre à jouer les bonnes cartes.

Passe à l'action

Prêt à passer au niveau supérieur ? Voici trois étapes à suivre pour déclencher ta progression dès maintenant.

1. **Réalise un bilan de progression.** Liste trois choses que tu as accomplies ces derniers mois et trouve un moyen de les mettre en lumière auprès de ton manager ou de ton équipe.
2. **Demande un feedback à ton manager sur ce qui te permettrait d'évoluer.** Prépare un argumentaire. Ose demander une mission ou une responsabilité supplémentaire pour montrer ton ambition.
3. **Active ton réseau interne.** Identifie une personne inspirante dans ton entreprise. Demande-lui comment elle y est arrivée. C'est comme ça que les connexions se créent et que les portes s'ouvrent

Synthèse

Si tu veux que ton travail soit reconnu, ne reste pas dans l'ombre. Prends ta place. Vis ta carrière comme une création.

Si tu attends que l'on reconnaisse ta valeur sans la mettre en avant, tu risques d'être oublié. À partir d'aujourd'hui, prend les devants, montre que tu es prêt et va chercher ce qui te revient.

Lequel de ces neuf conseils appliques-tu déjà ? Lequel pourrais-tu tester dès demain ?

33

Se mettre à son compte : l'entrepreneuriat !

« Ton handicap n'est pas un frein. C'est une particularité qui te permet d'innover, d'inspirer et de créer différemment. »

Histoire vraie

Et si au lieu d'attendre qu'on te donne une place, tu la créais toi-même ? Pour beaucoup de personnes, l'entrepreneuriat semble « trop risqué », « trop compliqué », ou « pas fait pour elles ». Encore plus quand elles vivent avec un handicap. En réalité, créer son activité est avant tout une question d'état d'esprit. C'est peut-être la voie la plus libératrice que tu puisses emprunter : créer ton job, à ton rythme, avec tes propres règles. Tu n'as plus à justifier ton handicap, tu développes une activité qui colle à qui tu es vraiment.

Bien sûr, créer une entreprise est un saut dans l'inconnu, un pari sur soi-même. Et si tu es en situation de handicap, les défis peuvent sembler encore plus grands.

Les chiffres ne sont pas non plus très rassurants. 71 % des travailleurs indépendants handicapés ne vivent pas de leur activité. Seul un entrepreneur en situation de handicap sur cinq dépasse les 40 000 euros de chiffre d'affaires annuel. Ce n'est cependant pas une fatalité.

Beaucoup le font à temps partiel ou pour s'occuper. Beaucoup le font aussi en mode « associatif », c'est-à-dire sans ambition véritable. Si tu fais partie des personnes qui y pensent, parce que tu en as très envie, tu rêves de liberté, d'indépendance, d'autonomie dans tes prises de décision, tu veux exercer le métier qui te plait, tu as une idée claire de produit ou de service ou tu sais qu'il répond à un besoin fort, je vais te donner quelques informations qui pourraient t'aider à réaliser ce rêve, tout en faisant partie de ceux qui s'en sortent correctement !
En effet, certains entrepreneurs handicapés réussissent très bien – moi y compris ! Quelques-uns atteignent même le million d'euros de chiffre d'affaires. Pourquoi pas toi ?
Moi aussi, j'ai hésité avant de me lancer. Je craignais que mon handicap fasse fuir les clients. Je redoutais de ne pas être crédible face aux entrepreneurs « classiques ». Heureusement, j'avais une sécurité : le chômage me permettait d'avoir dix-huit mois pour essayer et rebondir si ça ne marchait pas. Dès la première année, j'ai réussi à en vivre.
Certains de mes amis ont pu toucher des prêts d'honneur, des subventions spécifiques d'entreprises privées ou ont utilisé des plateformes de crowdfunding pour démarrer.
Cerise sur le gâteau : si tu ne le savais pas, l'AGEFIPH peut t'aider à « compenser ton handicap » comme si tu étais salarié. Ça, c'est vraiment chouette et utile ! Aujourd'hui, je me demande pourquoi j'ai attendu si longtemps. Avec le recul, j'aurais foncé beaucoup plus tôt !
Renseigne-toi donc bien. Si tu rêves d'indépendance, de liberté, d'impact, si tu veux créer ton propre job plutôt que d'attendre qu'on t'en offre un… sache que c'est possible. Attention cependant, l'entrepreneuriat n'est pas une solution magique. Ça demande du travail, de la stratégie et une bonne dose de persévérance.

Pourquoi c'est important ?

Tu es déjà prêt, plus que tu ne le crois. Tu as déjà les qualités d'un entrepreneur.

- Passer à l'action malgré la peur ? Tu le fais depuis toujours.
- Te relever après un obstacle ? C'est ton quotidien.
- Trouver des solutions innovantes ? C'est devenu ta spécialité.
- Avancer sans attendre la permission ? Tu connais.

Ton handicap t'a formé à la meilleure école du monde : celle de la débrouille, de l'endurance et de la créativité. C'est exactement ce dont tu as besoin pour entreprendre.

Ton handicap peut devenir un superpouvoir : tu repères des failles que d'autres ne voient pas, tu proposes des solutions plus inclusives, plus humaines, et tu as une approche différente des défis, donc des idées différentes des autres. C'est exactement ce que recherchent les clients et les partenaires : une vision, une histoire forte, une capacité à penser hors cadre.

Tu peux enfin créer un job qui te ressemble. Fini les horaires imposés, les open spaces inadaptés, les regards gênés. Tu choisis ton rythme, ton environnement, tes clients, tes valeurs.

Tu peux même créer un impact social, être utile et inspirer, comme l'a fait Didier Roche avec ses restaurants dans le noir, ou comme Charlotte de Vilmorin. Des centaines d'entrepreneurs en situation de handicap transforment leur parcours en levier de transformation.

Passe à l'action

Par où commencer ? Voici les étapes clés pour réussir en tant qu'entrepreneur handicapé.

1. **Valide ton idée.** Parle de ton projet à trois personnes de confiance pour qu'elles te soutiennent dans l'aventure.
2. **Commence petit.** Trouve ton premier client avant même de tout quitter. Pitche ton idée en deux minutes à une personne et note sa réaction.
3. **Fais-toi accompagner.** Repère les aides disponibles (Agefiph, CCI, H'up entrepreneurs). Certaines régions et même des entreprises privées proposent des aides financières et de l'accompagnement pour booster les entrepreneurs en situation de handicap. Contacte plusieurs organismes dès le début pour voir quelles aides sont adaptées à ton projet.
4. **Ose vendre (et vends au bon prix !).** Beaucoup d'entrepreneurs en situation de handicap se bradent par peur de ne pas trouver de clients. « Je suis déjà content d'avoir un client… je ne vais pas lui demander trop cher ! », « Et si mon handicap le faisait fuir ? ». Rappelle-toi que ton travail a de la valeur. Ton histoire renforce ta légitimité. Ton expertise se monétise. Fixe tes tarifs en fonction du marché. Positionne-toi avec confiance et expertise. Surtout, ne travaille pas gratuitement (sauf si c'est un choix aligné avec tes valeurs). Exemple personnel : une entreprise voulait me payer 2 200 euros pour une conférence, alors qu'un débutant est à 2 500 euros. J'ai refusé. Deux ans plus tard, ils sont revenus… et ont accepté mon vrai tarif !
5. **Développe ton réseau.** L'entrepreneuriat, c'est avant tout une question de relations. Tu ne trouveras pas tes clients en restant seul dans ton coin. Participe à des événements professionnels. Rejoins des clubs d'entrepreneurs (y compris ceux spécialisés handicap). Sois actif sur LinkedIn. Prends l'habitude de parler de ton projet autour de toi. On ne sait jamais d'où viendra la bonne opportunité.

• • •

6. **Sois stratégique dans ton positionnement**. Fixe des objectifs Smart (spécifiques, mesurables, atteignables, réalistes et temporellement définis). Fais une étude de marché : qui sont tes concurrents ? Quelle est ta valeur ajoutée ? Travaille ta communication (site internet, réseaux sociaux, *personal branding*, etc.).
7. **Transforme ton handicap en force.** Tu crois que ton handicap est un frein ? Faux ! Il peut devenir un argument puissant dans ton storytelling. Par exemple, Didier Roche (aveugle, fondateur de plusieurs entreprises à succès) et ses restaurants dans le noir ou son entreprise de massage. Si ton parcours est inspirant, utilise-le comme un élément différenciant.

Synthèse

L'entrepreneuriat n'est pas une voie magique mais une voie puissante, concrète, adaptée à celles et ceux qui veulent créer leur propre modèle.

Certes, c'est difficile et certains échouent (pas besoin d'être handicapé pour ça !). D'ailleurs, savais-tu que les entreprises de personnes handicapées ont un meilleur taux de réussite dans le temps que celles de valides ? Certes, au début, tu devras peut-être te battre plus que les autres mais, si c'est ton rêve, alors fonce.

L'entrepreneuriat t'offre une liberté que le salariat ne pourra jamais te donner. Il te permet de choisir ton environnement, d'adapter ton rythme, de créer un job qui te correspond à 100 %. Surtout, il te prouve que ton handicap n'est pas un frein, mais une force.

Le monde a besoin d'entreprises plus humaines. Il a besoin de ta vision, de ton courage, de ta différence.

Prêt à tenter l'aventure ?

34

De l'importance d'oser sortir du cadre

« Tu n'as pas à rentrer dans un moule qui ne te correspond pas.
Crée ta propre voie, à ta manière. »

Histoire vraie

Celles et ceux qui ont connu les plus grands succès n'ont pas suivi les règles. Steve Jobs, Oprah Winfrey, Richard Branson, Kelly Massol. Ils ont osé faire autrement, là où d'autres suivent docilement les consignes.

Soyons honnêtes, sortir du cadre n'est pas facile, surtout quand on est jeune. Mais, avec un handicap, la vie ne nous laisse pas le choix !

Je me souviens de cette époque où je voulais désespérément « faire comme tout le monde ». Pendant des années, j'ai tout fait pour m'adapter. J'ai essayé de me fondre dans le décor, d'être « normale », de cacher mes différences. Le hic, c'est que je n'entendais pas. Aucune baguette magique ne pouvait régler ça.

Si un job exigeait des appels téléphoniques, c'était impossible. Si le poste nécessitait des réunions régulières en groupe, c'était intenable. Si les appels étaient prioritaires pour les relations clients, je faisais comment ? Là arrivait la claque existentielle. Je devais choisir : renoncer à certaines opportunités ou trouver *ma* solution pour contourner les obstacles.

Or, sortir du cadre, c'est ça ! C'est avoir le courage de dire « ce système ne fonctionne pas pour moi, alors je vais en inventer un autre ». C'est décider de ne pas faire comme tout le monde, d'explorer des idées non-conventionnelles, essayer, innover, inventer. Ça veut aussi dire se libérer des attentes des autres ou de ce qui était prévu pour nous. Non, ce n'est pas facile, surtout si on recherche la reconnaissance, l'approbation, ou si on craint de diminuer notre valeur aux yeux des autres.
Avoir un handicap nous confronte à tout cela !
J'ai fini par comprendre qu'inventer, c'est penser autrement. J'ai arrêté de forcer pour rentrer dans les cases. J'ai commencé à bâtir mon propre modèle et ma vie s'est alignée. Ma conclusion : avoir un handicap est une invitation à sortir du cadre car ce dernier nous fait trop souffrir… Quelle est la solution ? Créer le tien !

Pourquoi c'est important ?

On nous apprend à suivre les règles, respecter le cadre, ne pas déroger aux normes. Mais les vrais changements viennent des personnes qui dérangent, qui contournent, qui innovent. Ils viennent de celles et ceux qui refusent de faire comme tout le monde, parce qu'ils n'ont jamais été comme tout le monde. Quand tu vis avec un handicap, tu constates très vite que le monde n'est pas toujours pensé pour toi. Pire, la société décide pour toi que tu es « hors cadre » sans t'en donner les clés ! Mais tu peux transformer cette mise à l'écart en une opportunité. Tu as *déjà* l'habitude de t'adapter, d'innover, de penser différemment. Tu n'es pas fait pour entrer dans un cadre. Tu es fait pour en créer un.
Chaque jour, des personnes avec un handicap inventent de nouvelles manières d'agir, de communiquer, de réussir. Et ce sont elles qui transforment le monde.

Passe à l'action

Prêt à bousculer les codes ? Voici comment réveiller ton esprit d'innovation en trois étapes.

1. **Identifie tes « blocages ».** Note trois situations où tu t'es senti limité par une règle, une norme ou les attentes des autres. Pose-toi la question : « Et si je faisais autrement ? ». Quelle solution non conventionnelle pourrais-tu tester ?
2. **Déjoue les obstacles.** Cherche une alternative à chaque blocage. Va voir comment d'autres l'ont fait. Regarde du côté des pionniers, des rebelles créatifs, des aventuriers, etc.
3. **Expérimente, teste, ose !** Aujourd'hui, choisis une action concrète qui sort du cadre habituel. Change ta manière d'aborder une tâche. Teste quelque chose que tu n'as jamais osé faire avant.

Synthèse

Tu n'as pas besoin d'être comme les autres pour réussir, ni de rentrer dans un moule pour avoir de la valeur. Au contraire, ta différence est une clé qui te permet de penser, d'agir et de vivre autrement. Tu n'es pas un problème à résoudre, mais une solution qui s'ignore.

Et si tu arrêtais d'essayer de rentrer dans le cadre ? Et si, à partir d'aujourd'hui, tu créais le tien ?

Ce monde n'a pas besoin de plus de copies. Il a besoin de personnes comme toi. Des personnes qui osent, qui inventent, parfois qui dérangent. Des personnes qui changent les règles du jeu. Tu es naturellement un créateur, un innovateur, un bâtisseur d'alternatives.

Qu'attends-tu pour sortir du cadre et créer *ton* propre chemin ?

35

Et si l'argent aidait ?

« L'argent ne fait pas le bonheur,
mais il donne les moyens de prouver qu'on mérite notre place. »

Histoire vraie

L'*argent*. Ce mot qui fait briller les yeux… ou dérange. C'est un sujet qu'on évite, qu'on juge, qu'on entoure de tabous.
Pendant longtemps, j'ai cru que l'argent n'était pas pour moi. Trop risqué, trop complexe, presque indécent à revendiquer quand on vit avec un handicap.
Au fond de moi, une petite voix me disait pourtant que l'argent, bien utilisé, pouvait m'aider à surmonter les obstacles liés à mon handicap, à avoir ma place, à briller sans m'excuser. Petite, je voyais bien que celles et ceux qui en avaient étaient écoutés, respectés. Tandis que celles et ceux qui en manquaient devaient prouver leur valeur, se justifier.
Puis, en grandissant, j'ai observé à quel point l'argent influençait les perceptions des autres : un PDG handicapé était vu comme un « modèle inspirant », un demandeur d'emploi avec le même handicap était perçu comme un fardeau. C'est injuste, mais c'est une réalité.
Le jour où j'ai osé facturer mes services au même prix que mes confrères valides, tout a changé. Les portes se sont ouvertes. Les regards se sont tournés vers moi. Pour la première fois, mon

handicap n'était plus perçu comme une faiblesse, mais comme une singularité qui ajoutait de la valeur.
C'est là que j'ai compris que l'argent n'est pas juste une question de chiffres. C'est un levier de pouvoir, de crédibilité et d'indépendance.

Pourquoi c'est important ?

Beaucoup voient l'argent comme un simple moyen de payer des factures et de consommer. En réalité, c'est bien plus que ça.
L'argent influence la perception sociale. Il donne du poids à ta parole, crédibilise tes compétences, ouvre des portes souvent fermées aux personnes qu'on marginalise.
Quand tu es en situation de handicap, l'argent peut même devenir une arme d'émancipation. Parce qu'avoir de l'argent change la façon dont les autres te regardent et te respectent. Il permet d'adapter ton environnement, de choisir tes projets, d'être maître de tes décisions. L'argent brise les barrières invisibles. Il permet de financer des opportunités, de prouver qu'on est capable de réussir sans être réduit à son handicap. L'argent ouvre des portes fermées par les préjugés. Tu refuses d'embaucher une personne handicapée ? Et si elle devenait ta cliente ? Tu penses que nous ne sommes pas rentables ? Et si nous étions des entrepreneurs prospères ?
L'argent ne change pas qui nous sommes, mais il nous donne les moyens d'aider le monde à voir ce que nous valons vraiment.
Enfin, pour une personne en situation de handicap, il devient un levier d'indépendance, de reconnaissance et d'égalité réelle. C'est en osant se faire rémunérer justement qu'on affirme sa place – non pas en dépit de sa différence, mais avec elle.

Passe à l'action

Et si tu reprenais le pouvoir sur ta relation à l'argent dès maintenant ? Voici trois étapes à suivre pour mieux gérer tes finances et utiliser l'argent à ton avantage.

1. **Change ta perception de l'argent.** L'argent n'est ni sale, ni honteux, ni réservé aux autres. Vois-le comme un allié, un outil de transformation, un levier pour avancer. Si tu avais plus d'argent, quelles portes pourrais-tu ouvrir ?
2. **Investis dans ta liberté.** Forme-toi à la gestion financière. Lis des livres, écoute des podcasts, échange avec d'autres personnes passionnées du sujet. Apprends à gagner, gérer et utiliser l'argent intelligemment.
3. **Utilise l'argent pour ouvrir des portes.** L'argent ne sert pas seulement à payer des factures, il peut aussi t'ouvrir des portes. Investis dans ton développement, ton réseau et tes projets pour bâtir ton indépendance. Crée ton propre réseau en investissant dans des événements, formations, outils. Sois visible : utilise l'argent pour financer des initiatives qui mettent en avant tes compétences et ta valeur.

Synthèse

L'argent ne fait pas tout mais, bien utilisé, il peut tout changer. Il ne te définit pas, mais il peut influencer la manière dont le monde te perçoit. Il ne garantit pas le succès, mais il te donne les moyens d'agir, de choisir, de bâtir. L'argent est un vecteur d'énergie, de pouvoir, d'indépendance. Pour une personne en situation de handicap, c'est un raccourci vers la liberté.

Vas-tu continuer à voir l'argent comme un tabou ou vas-tu t'en servir comme un tremplin ? Ce n'est pas l'argent qui te fait briller, c'est ce que tu décides d'en faire !

Conclusion

Tu as maintenant entre les mains des clés puissantes pour faire la différence. Pas juste en entreprise. Dans ta vie professionnelle. Dans ta trajectoire. Dans ton rapport au travail, à toi, à ta valeur.

Tu sais maintenant que ton travail ne se résume pas à un simple job : c'est un terrain de jeu, un espace où tu peux évoluer, négocier, t'affirmer et saisir des opportunités.

Oui, les préjugés existent. Oui, le monde du travail peut être rude, injuste, parfois épuisant, surtout quand on sort des cases. Mais tu sais quoi ? Rien n'est figé. Rien n'est impossible. Rien n'est réservé aux autres.

Ceux qui réussissent ne sont pas juste « chanceux » : ils comprennent les codes, osent et créent leur propre chemin, même là où il n'y avait pas de route. Et toi aussi, tu peux le faire.

Que vas-tu mettre en action dès aujourd'hui ? Une conversation avec ton manager pour parler évolution ? Un premier pas pour élargir ton réseau et créer des opportunités ? Une prise de parole en réunion pour faire entendre ta voix ?

Peu importe par où tu commences, l'essentiel, c'est d'avancer.

Car les personnes qui osent sont celles qui progressent.

Maintenant, c'est à toi de jouer.

Assumer de briller

VI

Briller est un mot qui fait rêver, parfois trembler…

Parce que briller, c'est oser être vu. C'est se montrer avec sa lumière, mais aussi ses aspérités. C'est sortir du rang, alors qu'on nous a si souvent appris à ne pas faire de vagues, à rester discret.

Nous avons tous une lumière intérieure qui ne demande qu'à s'exprimer. Pas besoin de projecteurs. Ni de strass. Ni de déguisement. Juste toi, à ta manière, à ton rythme.

Briller ne veut pas dire la même chose pour tout le monde. Pour certains, c'est un feu intérieur ; pour d'autres, c'est être reconnu, devenir influent, admiré ; pour d'autres encore, c'est être une excellence dans un domaine : l'art, le sport, la science, etc. En réalité, peu importe la forme que ça prend, l'essentiel c'est que ça vienne de toi.

Briller, c'est aussi se choisir ! C'est prendre sa place sans écraser les autres, mais sans se rapetisser non plus. Tu sais qui tu es. Tu sais ce que tu vaux. Reste à le faire rayonner autour de toi.

Dans cette partie, tu vas découvrir comment briller naturellement, sans forcer, sans artifice, sans trahir qui tu es. Car le monde n'a pas besoin de copies conformes. Il a besoin de toi, de ton unicité, de ta voix, de ta vibration.

Personne d'autre ne pourra allumer ta lumière à ta place. Une fois que tu l'assumes, elle éclaire tout sur son passage…

Alors, prêt à révéler ce qui brille déjà en toi ?

36

Prendre la parole

« Ose parler, car chaque mot que tu retiens est une opportunité de plus que tu laisses filer. »

Histoire vraie

Combien de fois as-tu pensé « J'aurais dû parler », mais es-tu resté silencieux ? Combien d'opportunités as-tu laissées filer parce que tu doutais de la valeur de ta voix ?
Moi aussi, je l'ai vécu. En 2014, quand Béatrice Schönberg m'a proposé de témoigner dans un documentaire, ma première réaction a été un non catégorique. Trop de doutes, trop d'angoisses. Moi ? Devant la caméra ? Pourquoi moi ? Pourquoi pas quelqu'un d'autre ? Qu'est-ce que j'ai d'assez intéressant à dire ?
En réalité, prendre la parole, c'est prendre sa place. Si tu n'oses pas le faire, quelqu'un d'autre le fera pour toi.
Heureusement, ma famille m'a encouragée : « Tu as une histoire intéressante et originale, tu *dois* la raconter ! ». Finalement, j'ai accepté.
Deux ans plus tard, le documentaire a été diffusé sur Arte. Résultat, cinq millions de vues sur les réseaux sociaux, des articles, des interviews, des invitations. J'ai déjeuné à L'Élysée. On m'a proposé quatre fois de tourner un film sur mon histoire. J'ai animé une émission de télévision. J'ai fait la couverture de *Forbes France*. J'ai porté la flamme olympique. J'ai été invitée au festival de Cannes, etc.). Tout ça, parce que j'ai osé *prendre la parole*.

Malgré tout, à l'intérieur de moi régnait un chaos total : fierté, panique, sentiment d'imposture, peur du jugement.
J'ai cependant compris quelque chose d'essentiel, trois vérités que je te partage maintenant !
D'abord, **le public aime les belles histoires**. Or, le handicap est un réservoir d'histoires incroyables : des épreuves surmontées, des drames transformés en leçons de vie, des parcours inspirants. Pourquoi ne pas les partager ?
Ensuite, **la curiosité des gens est naturelle**. Comment s'en sortir quand on ne rentre pas dans les cases ? Comment travailler, aimer, réussir, quand on est différent ? Ça fait quoi de vivre quand on a un sens ou un membre en moins ou en plus ? Comment s'en sortir malgré la situation de départ ? Les personnes qui sortent du cadre intriguent, fascinent. Autant faire une force de ce qui nous rend unique, non ?
Et enfin, **notre regard sur le monde est unique**. Notre parole enrichit la société, notre vécu offre une autre perspective. Alors pourquoi continuer à se cacher ?
Mon plus grand blocage – je ne sais pas si je l'ai complètement réglé d'ailleurs – a été ma peur d'être réduite à mon handicap. La sourde qui parle et qui est avocate », non merci ! J'ai longtemps oscillé entre deux pensées. D'une part, je me répétais que j'étais mille choses à la fois, avec des compétences, une personnalité, une sensibilité qui méritaient d'être vues dans leur globalité. En même temps, je ne voulais pas non plus être perçue comme une héroïne, juste parce que j'avais refusé de laisser les autres décider de ma vie à ma place. Alors, je me débattais, tiraillée entre « trop » et « pas assez ». Finalement, je n'avançais pas. Je procrastinais, enfermée dans mes doutes et mes questions.
Jusqu'au jour où j'en ai eu assez. Assez de tourner en rond, assez d'avoir la tête qui fume. J'ai dit stop et j'y suis allée à ma façon, selon mes envies. L'idée était de voir ce que ça donnerait, tout simplement.

Pourquoi c'est important ?

Parler, c'est prendre sa place. Trop souvent, nous nous autocensurons : « Je n'ai rien d'intéressant à dire », « Que vont penser les autres ? », « Je ne veux pas être réduit à mon handicap. », « Je ne suis pas un expert ».
La parole est en réalité le plus puissant des leviers. Elle permet d'inspirer et d'éduquer, de faire changer les mentalités, de créer des opportunités, de montrer qu'on est bien plus que nos étiquettes. Et si nous ne prenons pas la parole, qui le fera à notre place ? nos parents ? les professionnels ? les politiques ? l'État ? C'est ce qu'il s'est souvent passé jusqu'à présent et cela a abouti à une société qui évolue à 3 km/h. Franchement, faut-il continuer comme ça ?

Passe à l'action

Prêt à briser le silence et à affirmer ta voix ? Tu es convaincu mais tu ne sais pas par où commencer ? Voici quatre étapes simples pour passer à l'action dès aujourd'hui.

1. **Commence petit.** Parler ne signifie pas d'entrée prendre un micro devant 1 000 personnes. Personne ne devient bon en parlant sans s'entraîner. Chaque prise de parole, même petite, est une victoire. Partage une expérience sur les réseaux sociaux. Prends la parole dans une réunion. Discute de ton histoire avec des amis. Rappelle-toi que certains des meilleurs orateurs sont introvertis : Barack Obama par exemple.
2. **Trouve ton message fort.** Qu'est ce qui te touche ? Quel message portes-tu en toi depuis toujours ? Formule-le et affirme-le. Il est précieux.

• • •

3. **Accepte l'inconfort.** Oui, parler en public est déstabilisant au début. Mais plus tu le feras, plus cela deviendra naturel. En plus, tout le monde commet des erreurs en parlant. Ce qui compte, c'est de continuer et d'apprendre. Ma première conférence a été un enfer : crise de panique dix minutes avant de monter sur scène, les jambes qui tremblent tellement qu'elles ne me portaient plus, trou de mémoire abyssal, la gorge sèche, plus de salive, fini trop tôt, improvisation totale… Bizarrement, on m'en parle encore cinq ans après comme ayant été un moment mémorable !
4. **Prends ton premier risque.** Une vidéo, un podcast, une conférence et/ou une interview ? Lance-toi. Tu verras que le monde ne s'effondre pas. Au contraire, il s'ouvre !

Synthèse

Parler, c'est exister. Parler, c'est reprendre le pouvoir. Chaque fois que tu prends la parole, tu plantes une graine dans le monde. Une graine de vérité, d'émotion, de transformation.

De cette manière, tu affirmes ton existence, tu brises les chaînes de la stigmatisation et crée un monde où la différence devient positive et célébrée.

Plus nous serons nombreux à le faire, plus la société se rendra compte de nos barrières mais surtout de nos compétences, de nos talents. Plus nous serons nombreux à parler, plus notre différence deviendra visible, audible, puissante.

Le monde a besoin de voix comme la tienne. Des voix fortes !

Alors, quand est-ce que tu prends enfin la parole ?

37

Oser briller pour de vrai !

« Briller, ce n'est pas crier plus fort.
C'est vibrer plus juste. »

Histoire vraie

Il y a quelques années, j'ai rencontré Deza Nguembock lors d'un événement où nous étions toutes deux invitées à prendre la parole. Je ne la connaissais pas, mais dès qu'elle est montée sur scène, quelque chose m'a saisie : une énergie vibrante, une légèreté, une joie de vivre qui illuminait la salle, une force palpable.

Ce n'était pas seulement son discours qui captait l'attention, c'était son rayonnement, son aura, sa présence, son magnétisme ; en somme, c'était elle !

À la fin de son intervention, j'ai couru lui parler. Et quel cadeau ! Cette femme est une source d'inspiration inépuisable, une entrepreneuse incroyable, une battante qui transforme chaque défi en opportunité. Elle m'a rappelé une leçon précieuse : briller, ce n'est pas faire plus, c'est être plus ! Plus vivant, plus authentique, plus connecté à soi-même et aux autres.

Le point commun des personnes qui rayonnent, c'est qu'elles sont profondément vivantes. Elles s'amusent avec la vie. Elles ne cherchent pas à impressionner, mais à connecter. Elles assument leur singularité avec légèreté et authenticité.

Aujourd'hui, j'ai la chance d'être en couple avec un homme qui a cette aptitude incroyable à transformer chaque moment en amusement, même lorsqu'il travaille très sérieusement : une blague au bon moment, une idée originale, une dose d'autodérision… Il attire naturellement, car il fait du bien aux personnes qui l'entourent. On ne résiste pas aux personnes qui vibrent la joie, la spontanéité, la liberté d'être elles-mêmes.

D'ailleurs, Chloé Bloom partage un concept génial : le moelleux au chocolat. Tu sais, ce gâteau qui a l'air tout simple de l'extérieur, mais qui nous fait fermer les yeux de bonheur dès qu'on atteint son cœur fondant et coulant ? Eh bien, nous avons tous ce cœur fondant, cette chose unique qui nous rend magnétiques. Le problème ? On ne le voit pas toujours nous-mêmes.

Moi, on me répète depuis toujours que j'ai un sourire extraordinaire. Au début, je ne comprenais pas : un sourire, c'est banal, non ? Mais non. Ce qui marque, ce n'est pas juste un mouvement des lèvres, c'est la lumière, l'énergie, la chaleur qui l'accompagne.

Peut-être es-tu drôle, inspirant, apaisant, engageant, captivant par ton regard, ton énergie, ta voix, tes gestes ?

Regarde autour de toi. Les personnes charismatiques ont toutes un élément naturel qui les rend inoubliables : Philippe Croizon et Jamel Debbouze ont leur humour et leur autodérision, Tiffany Mazars son énergie solaire et sa zénitude, Michael Jérémiasz ses coups de gueule engagés, Mimie Mathy sa bienveillance et son côté maternel, Olivier Goy son énergie qui soulève des montagnes, Grand Corps Malade sa voix posée et ses textes puissants. Le point commun, c'est qu'ils ne jouent pas un rôle. Ils assument pleinement ce qu'ils sont.

Et toi, quel est ton cœur fondant ? Qu'est-ce qui fait que les gens se souviennent de toi ?

Pourquoi c'est important ?

Briller ne signifie pas être le plus bruyant, le plus visible ou le plus impressionnant.
Briller, c'est être toi, pleinement, sans filtre, et rayonner ce que tu es déjà, sans t'excuser. Ce qui attire, ce n'est pas la perfection mais l'authenticité.

Passe à l'action

Comment briller naturellement ? Voici cinq étapes à suivre pour y parvenir.

1. **Identifie ce qui te rend unique.** Demande à trois personnes de confiance ce qui, selon elles, fait de toi une personne inoubliable. Elles te diront ce qu'elles trouvent unique chez toi, ce qui te rend spécial. Prends ces réponses au sérieux : elles contiennent la clé de ton éclat naturel. Parfois, les autres voient mieux ce qui nous rend inoubliable.
2. **Joue avec la vie.** Prends les choses avec humour et autodérision. Ose être léger, curieux, spontané. Teste : souris plus, plaisante plus, expérimente plus.
3. **Utilise ton cœur fondant.** Une fois que tu as identifié ton « moelleux au chocolat », mets-le en avant ! Si c'est ton humour, ose plaisanter plus. Si c'est ta douceur, sois cette présence réconfortante. Si c'est ta créativité, partage-la sans retenue.
4. **Arrête d'attendre la permission.** Personne ne viendra te dire « vas-y, brille ! ». C'est toi qui allumes la lumière.
5. **Teste le relooking intérieur.** Dresse la liste de ce qui te met en valeur (vêtements, posture, attitude) et te donne confiance en toi. J'ai récemment fait appel à un une conseillère en image pour m'aider à identifier les couleurs, les formes et les matières qui me vont bien. J'adore le résultat !

Synthèse

Briller, ce n'est pas devenir quelqu'un d'autre. C'est incarner pleinement ce que tu es déjà. Ton humour. Ta douceur. Ton intensité. Ta créativité…

Tout ça mérite d'être vu, célébré, partagé. Le monde a besoin de ta lumière.

Alors ne la garde pas pour toi. Ose briller, à ta façon. Pour de vrai.

38

Adopter la leadership attitude

« Un leader, ce n'est pas celui qui crie.
C'est celui qui agit, inspire et assume. »

Histoire vraie

Tu crois peut-être que le leadership est réservé aux chefs d'entreprise, aux politiciens, aux grands orateurs. C'est faux. Le leadership, ce n'est pas un statut, c'est une posture. C'est l'art de se tenir droit, même quand personne ne t'attend.

C'est la façon dont tu prends ta place dans le monde, dont tu inspires les autres par ton comportement, dont tu oses avancer même quand le chemin est incertain. Le leadership ne se donne pas, il se prend !

Je l'ai compris le jour où j'ai osé interrompre une réunion de comité de direction. Mon premier en tant que responsable d'un service juridique en Suisse. J'étais la nouvelle, la seule femme, la seule en situation de handicap, la seule étrangère autour de la table. Autour de moi se trouvaient des hommes en costard-cravate. Vingt ans de plus que moi. Assurance XXL. Moi, on ne me regardait pas. On parlait au-dessus de moi. Pourtant, j'étais leur égale. Responsable du service juridique. Lorsqu'un dossier sensible a atterri sur la table, un contrat risqué, je savais qu'il y avait un problème, mais j'avais peur de le dire. Est-ce que j'ai le droit de parler ? Vont-ils m'écouter ? Et si je me trompe ? Mais une voix intérieure me hurlait : « Si tu ne parles pas maintenant, pourquoi es-tu là ? ». Alors j'ai interrompu les autres et lâché : « Excusez-moi, mais si vous signez ce contrat, c'est une erreur. » Silence. Tous les regards étaient posés sur moi. Le directeur général s'est tourné vers moi et a dit : « Expliquez-nous. » J'ai déroulé les faits et donné mes arguments. J'ai posé les conséquences. En quelques minutes, j'avais capté leur attention. Ils ont suivi ma recommandation.

Ce jour-là, j'ai compris une chose essentielle : le leadership ne se demande pas, il s'incarne !

Si tu ne t'affirmes pas, on te laissera toujours en périphérie. Si toi, tu doutes de ta légitimité, pourquoi les autres te la donneraient-ils ?

Pourquoi c'est important ?

Oser s'affirmer est un acte de leadership. Quand on est une personne handicapée, on fait face à des obstacles invisibles. Ceux qui pensent que notre place est ailleurs. Ceux qui considèrent qu'on est un poids, une exception, une charge.

Et nous, on doute. On s'excuse parfois d'exister. Quand on n'entre pas dans les cases, on croit qu'il faut attendre l'autorisation pour s'exprimer.

Stop. Ce n'est pas aux autres de t'offrir ta place. C'est à toi de la prendre, naturellement, fermement, puissamment.

Le leadership, ce n'est pas dominer. Ce n'est pas non plus écraser les autres. C'est simplement se tenir debout, avec force et conviction, et affirmer sa valeur sans s'excuser. Ce n'est pas aux autres de te donner la permission d'exister. C'est à toi de leur montrer que ta place est légitime.

Passe à l'action

Comment affirmer ton leadership ?

1. **Pose-toi la bonne question** : pourquoi veux-tu développer ton leadership ? Ne le fais pas pour plaire aux autres. Ne le fais pas pour prouver quelque chose à quelqu'un. Fais-le pour toi. Qu'est-ce que cela va changer dans ta vie ? Quelles portes veux-tu ouvrir ? Quelle liberté veux-tu conquérir ? Plus ton pourquoi sera clair, plus tu seras inarrêtable.
2. **Dis stop aux fausses croyances !** « Je ne suis pas assez compétent », « Je n'ai pas d'expérience », « Mon handicap me rend moins légitime ». Faux. Si tu attends d'être parfait avant de prendre ta place, tu attendras toute ta vie. Tous les leaders que tu admires ont commencé quelque part. Ils ont eu peur. Ils ont douté. Ils se sont sentis illégitimes. Mais ils ont avancé quand même. Et toi aussi, tu peux.
3. **Choisis tes alliés.** Il y aura toujours des gens qui minimiseront ta valeur. Et il y aura toujours des alliés prêts à t'encourager, te soutenir, te guider. Cherche ces personnes : les collègues bienveillants, les mentors inspirants, les amis qui croient en toi avant même que tu y croies toi-même. Avec eux, tu iras plus loin.
4. **Reste droit face aux jugements.** Tu déranges ? Parfait. Tu es critiqué ? Normal. Reste calme. Réponds avec assurance. Exemples : « Tu prends trop de place. » → « Non, je prends simplement la mienne. », « Ton handicap est un problème. » → « L'ouverture d'esprit semble être le tien. », « Tu ne sers à rien. » → « Ce n'est pas à toi de juger ma valeur. ».
5. **Passe à l'action, même imparfaitement.** Tu as étudié, appris, écouté, réfléchi ? Maintenant, il est temps d'agir. Prends la parole en réunion. Propose des idées, même si elles ne sont pas parfaites. Ose postuler à des opportunités que tu crois hors de portée. Chaque action, même minuscule, te fait progresser. Rappelle-toi : le leadership, c'est un état d'esprit. Tu es un leader quand tu te comportes comme un leader. Le reste suivra. Et si tu attendais un signe pour commencer, le voilà : Go !

Synthèse

Le leadership ne dépend pas d'un titre, d'un âge ou d'un CV. Il dépend de ton attitude, de ton audace, de ta présence.

C'est savoir qui tu es. C'est ne pas demander l'autorisation d'exister.

C'est décider que ta place, tu la prends, et point final.

Un leader n'attend pas d'être validé, il agit. Un leader n'a pas besoin d'un titre pour exister. Il n'attend pas qu'on lui donne la permission.

Il ne dit pas aux autres quoi faire. Il avance, il inspire, il fédère.

Quand tu assumes qui tu es, sans excuses, le monde t'écoute. Et quand tu parles avec justesse, le monde suit.

Alors, prêt à passer de l'ombre à la pleine lumière ? Le monde a besoin de leaders différents, authentiques, courageux. Ta voix, ta posture, ton expérience sont précieuses. Prends la parole, inspire, incarne. C'est maintenant que ça commence.

39

Rêver grand

« Tes rêves ne sont pas trop grands.
Ce sont souvent tes peurs qui sont trop fortes. »

Histoire vraie

Je déteste courir. Quel enfer ! Courir juste pour courir, tel un chien après sa baballe, non merci. Ça peut donc te sembler paradoxal si je te dis que j'ai couru et terminé le semi-marathon de Paris.
En fait, à force d'entendre : « Ah, que ça fait du bien de courir ! », « Tu rates un truc, vraiment, c'est une sensation incroyable ! », je me suis demandé si c'était vrai, si je n'étais pas en train de m'interdire une expérience… juste parce que je m'étais collé une étiquette : « Pas sportive ».
Alors, le jour où une amie m'a lancé un défi – « Viens, on s'inscrit ensemble ! » – j'ai dit oui sans réfléchir. Ensuite, j'ai paniqué. Vingt-et-un kilomètres d'affilée ? La blague…
Pourtant, j'ai tenu. Je me suis entraînée, en plein hiver, sous la pluie et le froid. J'ai soufflé, transpiré, pesté, etc. Contre toute attente, le jour J, je me suis régalée ! Mieux encore, ma folle initiative avait motivé mon ex-mari et d'autres amis à nous rejoindre sur la ligne de départ.
Cette course, c'était bien plus que du sport. C'était un rendez-vous avec moi-même. Une preuve que rien n'est impossible quand on arrête de nourrir nos excuses. (Et pour le clin d'œil : je déteste toujours autant courir !)

Pourquoi c'est important ?

Tes rêves n'attendent que toi !
Quand on grandit en entendant « Ce n'est pas pour toi », « Tu n'y arriveras jamais », « Avec ton handicap, n'y pense même pas », il est difficile de croire en ses ambitions.
Certains ressentent malgré tout une flamme intérieure. Un truc viscéral qui pousse à rêver grand, quand même. Un appel puissant, parfois étouffé par la peur, la société, les doutes…
Un rêve sans action demeure cependant une illusion. C'est l'action qui le transforme en réalité.
Regarde Bethany Hamilton. À 13 ans, elle a perdu son bras gauche après une attaque de requin. Ses parents lui disent d'abandonner le surf, mais elle a refusé. Un mois après, elle était de retour sur sa planche. Des années plus tard, elle devenait championne du monde.
Regarde Andrea Bocelli. Devenu totalement aveugle à 12 ans, il aurait pu abandonner ses ambitions, mais il avait une conviction inébranlable : il deviendra chanteur. Aujourd'hui, il a vendu plus de 80 millions d'albums et est l'une des voix les plus célèbres au monde.
Leur point commun ? Ils croient très fort en leur rêve. Ils osent agir et persévérer, quoi qu'il arrive. Car la vérité, c'est que 80 % de la réussite, c'est le *mindset*. C'est ce que tu crois possible ou non. Et les 20 % restants, c'est juste un plan d'action et de la stratégie.
Bethany n'a pas attendu une validation extérieure. Andrea n'a pas laissé son handicap définir son avenir. Et toi, qu'est-ce qui t'empêche d'oser rêver grand ?

Passe à l'action

Comment passer du rêve à la réalité ? Qu'est-ce qui t'empêche d'agir ? Voici quatre étapes à suivre pour dépasser ces obstacles.

1. **Écris ton rêve en grand.** Prends une feuille et note trois rêves qui te font vibrer. Puis choisis une action immédiate pour t'en rapprocher. Ensuite, libère-toi de tes excuses ! « Je n'ai pas le bon diplôme », « Je suis trop jeune », « Je suis trop vieux », « Je n'ai pas de contacts », « Je n'ai pas d'argent », « J'ai un handicap »... Toutes ces phrases ne sont que des prétextes. La vérité, c'est que si tu le voulais vraiment, tu trouverais une solution. Alors arrête de nourrir tes excuses et commence à nourrir ton rêve !
2. **Mets de l'action dans ton rêve.** Un rêve sans action reste... une illusion (c'est bien, tu suis !). Écris noir sur blanc ce que tu veux vraiment. Chaque jour, fais une petite action pour avancer dans cette direction. Engage-toi envers toi-même. Les petites victoires créent une dynamique puissante.
3. **Change ton état d'esprit.** Si tu te vois petit, tu penseras petit. Si tu crois que c'est possible, tu agiras en conséquence. Change ton dialogue intérieur. Remplace « Je ne peux pas » par « Comment puis-je ? ». Projette-toi déjà en train de réussir.
4. **Fais le test ultime.** Chaque matin, demande-toi : « Aujourd'hui, est-ce que je nourris mon rêve ou mes excuses ? ». Ajuste immédiatement ton énergie en conséquence.

Synthèse

Oser rêver grand n'est pas un luxe réservé aux autres. C'est une nécessité vitale pour celles et ceux qui veulent vivre pleinement.
Ta réussite commence dans ta tête, dans ton cœur, dans ton courage.
Si tu veux changer ta vie, commence par changer la taille de tes rêves.
Le chemin est là ! Il ne tient qu'à toi de faire, chaque jour, le premier pas.
Alors, que vas-tu faire aujourd'hui pour avancer vers ton rêve ?

40

Accepter d'inspirer

« Tu n'as pas besoin d'être parfait pour inspirer.
Tu as juste besoin d'être toi-même. »

Histoire vraie

La première fois qu'on m'a dit « Wow, t'es trop inspirante », j'ai voulu fuir tellement j'étais mal à l'aise. Ça sonnait presque comme un compliment piégé, une étiquette collante impossible à enlever. Inspirante, moi, pourquoi ? Parce que j'ai un handicap ? Parce que je fais des choses malgré tout ? Mais non ! Je suis juste moi, je fais juste ma vie, comme tout le monde, avec mes hauts et mes bas, mes coups de génie et mes moments de fatigue…

Et puis j'ai eu peur. Peur qu'on attende de moi que je sois toujours forte. Toujours brillante. Toujours parfaite, au top du top. Peur d'être enfermée dans cette image de super-héroïne.

Parce que la vérité, c'est que oui, j'ai réussi des choses incroyables, oui, je suis fière de mon parcours. En revanche, je ne suis pas parfaite. J'ai aussi des moments de doute, des échecs, des peurs.

Alors j'ai fait ce que je fais toujours quand une situation me dépasse : j'ai creusé le sujet. J'ai interrogé. J'ai déconstruit. Petit à petit j'ai compris que l'inspiration n'est pas synonyme de perfection mais d'authenticité.

On n'inspire pas parce qu'on réussit. On inspire parce qu'on ose être pleinement soi-même, parce qu'on avance malgré ses peurs, parce qu'on montre que c'est possible.

J'ai aussi compris que ce n'est pas à moi de décider si je suis inspirante ou non. Ce sont les autres qui le ressentent, en fonction de ce qu'ils vivent, de leurs propres questionnements, de ce qu'ils voient en moi.

Et toi aussi, tu inspires peut-être déjà sans le savoir. Tu es peut-être le déclic que quelqu'un attend pour oser.

Pourquoi c'est important ?

Nos modèles façonnent nos vies. Qu'on le veuille ou non, nous grandissons en nous inspirant des autres. Nous avons besoin de repères, de figures d'identification, de preuves que ce qu'on veut est possible.

Dans ce cas, où sont les modèles handicapés ? Où sont ceux qui réussissent ? Ceux qui sont épanouis dans leur travail, leur vie amoureuse, leur vie sociale ? Ceux qui vivent pleinement, qui voyagent, qui osent ? Quand on ne voit personne qui nous ressemble, on a du mal à se projeter.

On se dit : « Si personne ne l'a fait, c'est peut-être que c'est impossible pour moi aussi. » Faux. Ce n'est pas impossible, c'est juste invisible.

Il est temps de changer cela. Avoir des modèles, c'est avoir des choix. Quand on rencontre quelqu'un qui nous ressemble et qui a réussi, on se dit enfin : « Moi aussi, je peux le faire », « Pourquoi pas moi ? ».

Tu peux être ce modèle pour quelqu'un d'autre. Sans le savoir, tu peux donner à quelqu'un ce déclic qui changera sa vie.

Passe à l'action

Prêt à devenir une source d'inspiration pour ton entourage ? Voici quelques idées pour commencer dès aujourd'hui.

1. **Partage ton histoire.** Pas besoin d'avoir survécu à un tsunami pour inspirer. Tu as surmonté des choses. Tu en as tiré des leçons. Raconte à travers un post, une discussion, une conférence ou un podcast. Fais résonner ton vécu avec celui des autres. Ce que tu vis est précieux, il crée un écho chez les autres.
2. **Repense aux personnes qui t'ont inspiré.** Qui sont tes modèles ? Qu'ont-ils fait pour te donner du courage ? Étaient-ils parfaits ? Non. Maintenant, imagine que toi aussi, tu puisses faire ça pour quelqu'un d'autre.
3. **Ose être visible.** Si tu veux que le monde change son regard sur le handicap, alors ne te cache pas ! Montre que tout est possible. Sois une preuve vivante. Tu n'imagines pas à quel point ton exemple peut réconforter, réveiller, galvaniser.
4. **Fais le premier pas !** Tu attends que quelqu'un vienne te dire « Tu es inspirant » pour oser ? Non, c'est en osant que tu inspireras. Imagine si Frida Kahlo avait décidé de garder sa peinture pour elle. Si Stephen Hawking avait laissé sa maladie l'empêcher de partager ses découvertes. Si Grand Corps Malade n'avait jamais pris un micro. Chacun d'eux, à leur façon, a osé prendre sa place. Fais-le. À ta manière. Avec tes mots. À ton rythme. Mais fais-le.

Synthèse

Quelque part, en ce moment même, une personne a besoin de voir que quelqu'un comme elle peut réussir. Ce quelqu'un, c'est peut-être toi.

Tu n'as pas à porter une cape de super-héros. Tu n'as pas à être un modèle. Tu as juste à être pleinement toi.

Chaque mot que tu oses dire, chaque pas que tu fais avec fierté, est un feu vert pour quelqu'un qui hésite. Alors, ose. Brille. Raconte. Incarne. Le monde a besoin de plus de lumière. La tienne est déjà là.

Tu ne choisis pas toujours d'inspirer. Mais tu peux choisir d'en faire quelque chose de beau.

41

Trouver son propre style

« Soyez vous-même, les autres sont déjà pris. »

Oscar Wilde

Histoire vraie

Chaque jour, tu enfiles des vêtements, tu choisis une coupe, des couleurs, une façon de te coiffer, etc. Mais est-ce que tout ça te ressemble vraiment ? Fais-tu vraiment ce choix pour toi ou pour coller à une attente sociale ?

Ton style n'est pas juste une tenue. C'est ton empreinte, ta marque intérieure. C'est ce qui te rend unique avant même que tu ouvres la bouche. C'est ce truc qui fait que, même sans en faire trop, on se souvient de toi. C'est la manière dont tu t'exprimes sans dire un mot.

Quand j'ai commencé à prendre la parole en public et à écrire, je me demandais quel style adopter. J'observais les autres, je m'inspirais de leur manière de s'exprimer, de structurer leurs idées, de captiver leur audience. Mais plus j'essayais d'imiter, plus je me sentais inconfortable.

Un jour, une personne est venue me voir après une conférence et m'a dit : « Ce que j'ai adoré chez vous, c'est que vous parlez comme si on était en train de prendre un café ensemble. Vous ne cherchez pas à impressionner, vous êtes juste vous-même, et c'est ce qui rend votre message puissant. »

C'est là que j'ai compris : mon style naturel était ma plus grande force. Plutôt que de forcer une posture qui ne me correspondait pas, j'ai appris à utiliser ma spontanéité, mon authenticité, mon humour et mon énergie comme de véritables atouts. Depuis, j'ai construit une manière de communiquer qui me ressemble à 100 %. J'ai surtout compris une chose essentielle : c'est en étant pleinement soi-même qu'on marque réellement les esprits.

Pourquoi c'est important ?

Le meilleur moyen de se démarquer, c'est d'être authentique. On croit souvent qu'il faut adopter un style particulier, être à la mode, pour être pris au sérieux, mais c'est une erreur. Ce qui fonctionne, c'est d'être fidèle à qui l'on est.
Chacun a une manière unique de s'exprimer, d'interagir, de transmettre. L'important est d'identifier ce qui fait notre force et de le cultiver plutôt que de chercher à rentrer dans un moule. Ton style se trouve déjà en toi, il ne te reste qu'à oser l'assumer !

Passe à l'action

Prêt à affirmer ton style et à l'assumer pleinement ? Voici quelques étapes à suivre pour y parvenir.

1. **Identifie ce qui te rend unique.** Plutôt que d'essayer de ressembler à quelqu'un d'autre, demande-toi quelles sont tes forces naturelles. Demande du feedback à ton entourage. Parfois, ce qui nous semble banal est en réalité notre plus grande force. Les autres peuvent t'aider à mettre le doigt dessus. Qu'est-ce que les autres apprécient dans ta manière

• • •

de t'exprimer ou de travailler ? Qu'est-ce qui te met le plus à l'aise quand tu communiques ou que tu crées ? Une bonne piste est de repérer les compliments qui reviennent souvent. Ton humour ? Ta façon d'expliquer simplement ? Ton énergie contagieuse ? Tout cela fait partie de ton style !

2. **Teste et observe ce qui fonctionne.** Trouver son style demande un peu d'expérimentations. Essaye différentes approches et note celles avec lesquelles tu es le plus à l'aise. Observe les réactions des autres : quels formats ou quels sujets suscitent le plus d'intérêt ? Ajuste progressivement sans te forcer à entrer dans un cadre rigide. Le style n'est pas figé : il évolue avec l'expérience et la confiance. Que ce soit à l'écrit, à l'oral, en vidéo… Essaye différentes façons de t'exprimer et vois celles qui résonnent le plus avec toi.
3. **Assumer ton unicité.** Il peut être tentant d'édulcorer sa personnalité pour plaire au plus grand nombre. Pourtant, c'est souvent en assumant pleinement qui l'on est que l'on capte vraiment l'attention. Ne cherche pas à gommer ce qui fait ta singularité. Fais confiance à ton intuition plutôt qu'aux règles toutes faites. Accepte que tout le monde ne soit pas réceptif à ton style… et c'est très bien comme ça ! Ce qui te distingue est précisément ce qui te rend inoubliable.
4. **Prends du plaisir.** Communiquer, écrire, créer… Tout cela doit avant tout être un plaisir, pas une contrainte. Si tu forces un style qui ne te ressemble pas, cela deviendra vite pesant. Prends du plaisir dans ce que tu fais, cela se ressentira immédiatement. Ne cherche pas à tout contrôler, laisse un peu de place à la spontanéité. Garde en tête que ton style est unique et qu'il évoluera naturellement avec le temps. Plus tu seras à l'aise, plus ton message sera puissant. Accepte aussi que ton style évolue Ne cherche pas à figer les choses : ton style s'affinera naturellement au fil du temps.

Synthèse

Chacun a une manière différente d'exister et de transmettre. Plutôt que de se demander quel est le style qui plaît, la vraie question à te poser est quel est ton style naturel et comment tu peux le mettre en avant.

Tu es ton propre standard.

Ton style ne dépend pas des tendances, ni de ce que pensent les autres. Il dépend de ce que tu veux incarner. Dès aujourd'hui, fais un choix : affirme ton style, ta voix, ton énergie.

Prêt à assumer pleinement ce qui fait de toi quelqu'un d'unique ?

42

Laisser une trace

« Une expérience non partagée disparaît.
Une expérience transmise devient un levier pour les autres. »

Histoire vraie

Que restera-t-il de toi dans dix, vingt, cinquante ans ? Je ne parle pas seulement de ton travail, ni de ce que tu as possédé. Je parle de l'empreinte que tu auras laissée dans le cœur des autres, de ce que tu as partagé, transmis, osé dire ou créé.

Quand j'ai écrit mon premier livre, *Abandonner ? Jamais !*, je n'avais aucune idée de l'impact qu'il aurait. Au départ, c'était juste une envie de partager mon expérience, de répondre aux questions que beaucoup se posaient, de structurer mes apprentissages pour en tirer du concret. Mais très vite, j'ai compris qu'écrire un livre, c'était bien plus que raconter son histoire : c'était poser des mots qui resteraient, offrir un outil à celles et ceux qui en ont besoin, permettre à d'autres d'éviter certains écueils que j'avais traversés. C'était laisser une trace, vraie et concrète ; une trace qui ne s'efface pas. Depuis, ce livre a voyagé. Il a été offert, relu, cité, partagé.

Je peux maintenant dire que laisser une trace ne signifie pas être célèbre. C'est transmettre ce qu'on a compris de la vie, pour qu'un autre n'ait pas à tomber dans les mêmes pièges.

L'impact ne naît pas toujours des grandes choses. Il naît du courage de dire, d'écrire, de structurer et de partager, que ce

soit à travers un post, un livre, un podcast, un outil ou une simple discussion profonde.
Une expérience non partagée disparaît, tandis qu'une expérience transmise devient un tremplin pour quelqu'un d'autre.

Pourquoi c'est important ?

Trop d'apprentissages dorment dans des cerveaux brillants… et ne sont jamais transmis. Tu n'as pas besoin d'avoir tout réussi pour être utile. Tu as vécu, traversé, appris. Tu peux faire de tout ça un levier de changement pour quelqu'un d'autre.
Laisser une trace, ce n'est pas se mettre en avant, c'est mettre son savoir au service de ceux qui arrivent après toi. Exactement ce que j'ai fait avec ce livre.

Passe à l'action

Comment concrètement laisser une trace ? Voici quatre étapes pour y parvenir.

1. **Formalise ton expérience.** Plutôt que de simplement raconter ton parcours, prends le temps d'en extraire des enseignements utiles. Identifie un savoir que tu peux transmettre, un sujet sur lequel tu as acquis une expertise par ton parcours, tes expériences, tes échecs et réussites. Pose-toi ces questions : Quels sont les obstacles que j'ai surmontés ? Quelles sont les méthodes que j'ai développées en cours de route ? Comment pourrais-je transmettre ces apprentissages de manière claire et utile ? Le livre *Abandonner ? Jamais !* n'est pas juste une autobiographie, c'est un condensé de conseils concrets que j'aurais aimé avoir plus tôt.

• • •

2. **Choisis un format adapté.** Il existe mille manières de partager son expérience : écrire un livre, un article ou un post sur les réseaux, créer une vidéo explicative, développer un atelier ou une formation, mettre en place un processus qui facilite le passage à l'action. Trouve le format qui te correspond et qui te permet de transmettre efficacement tes connaissances. Structure ton message et fais-en quelque chose d'utile et applicable. Une méthodologie, des conseils pratiques, un retour d'expérience détaillé.
3. **Facilite l'accès à l'information.** Laisser une trace, ce n'est pas juste parler de soi. C'est structurer ce que l'on sait pour que d'autres puissent s'en servir. Rends tes conseils accessibles, clairs et actionnables. Un bon livre, un bon article ou une bonne formation doivent permettre à celles et ceux qui les utilisent de passer à l'action immédiatement.
4. **Accepte de partager.** Une fois ton savoir structuré et rendu accessible, il ne reste qu'une étape : le diffuser. Publie, parles-en autour de toi, partage tes outils. Ne t'arrête pas à l'idée que « ce n'est pas parfait ». Mieux vaut une ressource imparfaite mais utile qu'une idée parfaite jamais exploitée. Choisis un canal de diffusion (livre, blog, podcast, formation, vidéo, etc.) Le format importe peu, l'important est qu'il soit accessible à celles et ceux qui en ont besoin. Lance-toi, publie, et adapte en fonction des retours. Rien n'est figé, tout s'améliore avec le temps.

Synthèse

Tu n'es pas ici pour juste passer, tu es ici pour laisser quelque chose derrière toi. Tu n'as pas besoin d'avoir fait un TEDx ou d'être prix Nobel pour ça. Tu as juste besoin d'oser structurer ton vécu et le transmettre. Chaque mot, chaque idée, chaque outil partagé est une étincelle pour quelqu'un d'autre. Ce que tu sais peut changer une vie. Mais seulement si tu le partages.

Alors, à quoi ressemblera la trace que tu veux laisser ? Quand décideras-tu de la poser ?

Conclusion

Briller n'est pas égoïste. C'est un acte de générosité. Car en osant être pleinement toi-même, tu offres aux autres la permission d'en faire autant. Briller n'est pas voler la lumière. C'est en allumer une nouvelle pour que d'autres trouvent leur chemin. En prenant la parole, tu inspires et tu ouvres la voie. En assumant ton unicité, tu montres qu'il n'y a pas une seule manière de réussir. En développant ton leadership, tu prends ta juste place, sans t'excuser. En osant rêver grand, tu rappelles que rien n'est impossible. En acceptant d'être une source d'inspiration, tu permets aux autres d'oser à leur tour. En partageant ton expérience, tu crées un héritage qui continuera d'avoir un impact.

Ce n'est pas prétentieux d'être vu. Ce n'est pas arrogant de briller. C'est nécessaire !

Le monde a besoin de voix fortes. De voix vraies et authentiques. De voix qui viennent de la diversité. De voix qui montrent qu'on peut réussir autrement.

Ta lumière peut éclairer le chemin de quelqu'un d'autre qui se cherche.

Chaque personne qui ose briller rend l'espace plus lumineux pour les autres.

Ne te cache plus, ne minimise plus ce que tu es. Le monde a besoin de toi. Dans toute ta force. Dans toute ta vulnérabilité. Dans toute ton unicité.

Alors, vas-y. Brille et invite tes pairs à briller eux aussi !

Prends ta place. Toute ta place.

Conclusion générale

Je dis souvent que ma mission est de changer le regard de la société sur la différence. Mais parfois, une petite voix en moi murmure : « Est-ce que ça sert à quelque chose ? Est-ce qu'on m'écoute vraiment ? Est-ce que ça changera un jour ? » Et je doute.

Puis, je regarde autour de moi. Je vois ces visages, ces parcours, ces âmes puissantes qui agissent, elles aussi. Et leur réponse me claque en plein cœur : Non, ce n'est pas vain. Non, ce n'est pas inutile. C'est vital.

Tout au long de ces pages, tu as croisé des destins lumineux. Des histoires qui renversent les clichés, des femmes et des hommes qui réinventent le possible, qui changent le monde à leur manière.

Ces personnes en situation de handicap m'inspirent, me bouleversent, me font grandir. Elles m'ouvrent les yeux sur un monde plus vaste, plus audacieux, plus authentique. Elles rendent ma vie plus colorée, plus vibrante, plus intense que bien des figures que j'ai jadis admirées – et parfois enviées.

Et pourtant ce trésor humain inestimable reste invisible. Oublié, mis de côté, écarté.

Alors oui, ça doit se savoir, bordel !

Nous avons beau être des millions – même plus d'un milliard dans le monde –, la société ne nous attend toujours pas. Elle ferme les yeux, détourne le regard, nous laisse sur le bas-côté.

Nous ne sommes pas des erreurs du système, nous sommes ses éclaireurs. Des pionniers, des bâtisseurs, des créateurs de possibles.

Pourquoi devrions-nous encore nous battre pour exister ? Pourquoi continuer à souffrir en silence ?

Stop.

Ce livre, c'est ma main tendue vers toi.

Il est là pour te murmurer au creux de l'oreille : tu es légitime. Tu es parfait tel que tu es. Tu as toute ta place.

Je suis mère de deux jeunes en situation de handicap. Je suis sœur, amie, compagne d'âmes extraordinaires. Je veux les protéger, les élever, leur prouver que ce monde peut être meilleur. Je veux leur offrir une autre vérité. Et pour ça, j'ai besoin de toi. Parce que nous sommes des millions, parce que nous valons mieux que le silence.

Tu arrives à la fin. Et maintenant ?

Tu as deux choix : tu peux refermer ce livre et revenir à ta vie d'avant *ou* tu peux décider que ce moment est un tournant, que ce livre n'était pas juste une lecture, mais un déclencheur. Tu peux choisir de ne plus te taire, de ne plus t'excuser, de ne plus minimiser tes rêves. Tu peux décider que maintenant, c'est ton heure.

Personne ne te donnera la permission d'être pleinement toi, c'est à toi de la prendre. Personne n'écrira ton histoire à ta place. C'est à toi d'oser la raconter.

Alors vas-y ! Affirme-toi. Prends ta place, inspire, fais du bruit, ouvre la voie. Ose croire que tes différences sont ta force, que ton chemin mérite d'exister, que ton rêve est assez grand pour le monde.

La seule chose qui sépare celles et ceux qui changent le monde de celles et ceux qui restent spectateurs, c'est un pas. Un premier pas, parfois hésitant, parfois maladroit, mais un pas quand même. Ce pas, c'est le tien. Il t'appartient. Il est entre tes mains.

Alors, qu'attends-tu ?

Le monde a besoin de toi. Entier. Authentique. Puissant. Sans filtre. Sans compromis. Sans permission.

Va. Prends ta place. Et brille de mille feux !

Tu le mérites, et nous aussi.

http://dunod.link/x02rtbl

ANNEXE

Chronologie des lois importantes depuis 1930

Permets-moi d'avoir une pensée émue pour tous ces acteurs de l'ombre : associations, militants, politiques… qui, chacun à leur niveau, tentent de faire bouger les lignes pour un monde de plus en plus « ouvert à la différence » !

Merci mille fois à celles et ceux qui se reconnaissent, et merci à toi si ce chapitre te donne envie de nous rejoindre…

Comme le droit est identifié comme assez indigeste pour beaucoup d'entre nous, je te propose de juste survoler cette annexe pour te rendre compte de ce qui a été fait depuis 1930 jusqu'à aujourd'hui et comment.

Tu verras que les choses ne sont pas aussi figées que tu le penses.

Tu découvriras aussi que sans action de quelques-uns, rien ne bouge !

Donc si tu trouves que les changements ne sont pas assez rapides, implique-toi avec nous ! L'union fait la force…

XXe siècle

- **14 mai 1930. Loi du 14 mai 1930** : elle donne le droit aux victimes d'accidents du travail d'être admises gratuitement dans les écoles de rééducation professionnelle créées par les militaires.
- **1945. Création de la Sécurité sociale**, qui permet d'assurer l'ensemble des salariés contre les conséquences de maladies et d'accidents non liés au travail mais les privant de leurs « capacités de gains ».

- **2 août 1949. Loi n° 49-1094 du 2 août 1949** qui généralise l'aide à la réinsertion à tous les grands infirmes par la création de l'allocation de compensation aux grands infirmes travailleurs. Elle ouvre l'accès à la formation professionnelle de tous les grands infirmes.
- **29 novembre 1953. Décret n° 53-1186 du 29 novembre 1953** qui crée les commissions départementales d'orientation des infirmes pour la reconnaissance de l'aptitude au travail ou la possibilité d'une rééducation professionnelle.
- **23 novembre 1957. Loi n° 57-1223 du 23 novembre 1957** sur le **reclassement professionnel** dans laquelle apparaît le terme de travailleur handicapé. Définition de la qualité de travailleur handicapé. Instauration de priorités d'emploi (quota théorique de 10 %). Définition du travail protégé. Création du conseil supérieur pour le reclassement professionnel et social des travailleurs handicapés.

Vers une obligation nationale d'intégration des personnes handicapées

- **1967.** François Bloch-Lainé, remet un rapport au Premier ministre intitulé « **Étude du problème général de l'inadaptation des personnes handicapées** », qui ouvre la voie au texte d'orientation de 1975.
- **30 juin 1975. Loi n° 75-535 du 30 juin 1975** relative aux institutions sociales et médico-sociales. Elle réglemente les conditions de création, de financement, de formation et de statut du personnel des établissements et services du secteur.
- **30 juin 1975. Loi n° 75-534 du 30 juin 1975** d'orientation en faveur des personnes handicapées. Elle fixe le cadre juridique de l'action des pouvoirs publics (importance de la prévention et du dépistage des handicaps, obligation éducative pour les enfants et adolescents handicapés, accès des personnes handicapées aux institutions ouvertes à l'ensemble de la population, et maintien des personnes handicapées chaque fois

que possible dans un cadre ordinaire de travail et de vie). La loi confie la reconnaissance du handicap à des commissions départementales, distinctes : pour les jeunes de 0 à 20 ans (commission départementale de l'éducation spéciale) et pour les adultes (commission technique d'orientation et de reclassement professionnelle à partir de 20 ans, les **Cotorep**). La loi crée, enfin, l'allocation aux adultes handicapés (AAH).

- **9 décembre 1975.** Adoption par l'Assemblée générale des Nations unies d'une **déclaration sur les droits des personnes handicapées** (Nations unies – Bibliothèque numérique).
- **12 mars 1981.** Adoption de la « **Charte européenne des handicapés** » par l'Assemblée européenne à Strasbourg.
- **10 juillet 1987. Loi n° 87-517 du 10 juillet 1987** en faveur de l'emploi des travailleurs handicapés, qui institue pour les entreprises de plus de 20 salariés l'obligation d'employer, à temps plein ou partiel, 6 % d'entre eux.
- **15 septembre 1988.** Prévue par la **loi de 1987**, création de l'**Association nationale pour la gestion du fonds pour l'insertion professionnelle des personnes handicapées** (Agefiph). Soumise au contrôle de l'État, elle est administrée par trois collèges, employeurs, salariés et associations. Le ministre chargé de l'emploi agrée les statuts de l'association et approuve son budget.
- **13 janvier 1989.** L'article 22 de la **loi n° 89-18 du 13 janvier 1989** portant diverses mesures d'ordre social modifie l'article 6 de la loi de 1975 et crée un alinéa dit « **amendement Creton** », permettant le maintien, dans l'attente d'une solution adaptée, de jeunes handicapés âgés de plus de vingt ans dans les établissements médico-sociaux pour enfants handicapés qui les accueillent.
- **10 juillet 1989. Loi n° 89-475 du 10 juillet 1989** relative à l'accueil par des particuliers, à leur domicile, à titre onéreux, de personnes âgées ou handicapées adultes, qui institue une procédure d'agrément et de vérification des conditions d'accueil sur la base d'un contrat. **Loi n° 89-486 du 10 juillet 1989** d'orientation sur l'éducation qui dispose que l'**intégration scolaire des jeunes handicapés** est favorisée.

- **9 décembre 1989. La Charte communautaire des droits sociaux fondamentaux des travailleurs** stipule que « Toute personne handicapée, quelles que soient l'origine de et la nature de son handicap, doit pouvoir bénéficier de mesures additionnelles concrètes en visant à favoriser son intégration professionnelle et sociale. Ces mesures d'amélioration doivent notamment concerner, en fonction des capacités des intéressés, la formation professionnelle, l'ergonomie, l'accessibilité, la mobilité, les moyens de transport et le logement. »
- **12 juillet 1990. Loi n° 90-602 du 12 juillet 1990** relative à la protection des personnes contre les discriminations en raison de leur état de santé ou de leur handicap.
- **18 janvier 1991. Loi n° 91-73 du 18 janvier 1991** portant dispositions relatives à la santé publique et aux assurances sociales (article 33). Elle autorise et organise l'enseignement du français et de **la langue des signes** pour les jeunes sourds.
- **13 juillet 1991. Loi n° 91-663 du 13 juillet 1991** portant diverses mesures destinées à favoriser l'accessibilité aux personnes handicapées des locaux d'habitation, des lieux de travail et des installations recevant du public.
- **4 novembre 1993.** Publication par le **décret n° 93-1216 du 4 novembre 1993** du guide-barème instaurant huit **grandes catégories de déficiences** (déficiences intellectuelles et difficultés du comportement, déficiences du psychisme, déficiences de l'audition, déficiences du langage et de la parole, déficiences de la vision, déficiences viscérales et générales, déficiences de l'appareil locomoteur, déficiences esthétiques). Ce guide s'inspire de la classification internationale des handicaps (CIH), basée sur les travaux du Britannique Philip Wood.
- **21 novembre 1994.** Dans un rapport remis à Simone Veil, ministre des affaires sociales, l'Inspection générale des affaires sociales (IGAS) dénonce les insuffisances du système de prise en charge des autistes en France et propose la création de « **schémas régionaux d'action** » élaborés par les préfets de région.

- **3 avril 1996.** Rapport du Comité consultatif national d'éthique (CCNE) qui aborde la question de la stérilisation des handicapés : le CNE estime que cette question « ne relève pas de sa compétence », mais « d'un débat de société qui ne peut être tranché que par le législateur ».
- **11 décembre 1996. Loi n° 96-1076 du 11 décembre 1996** modifiant la loi n° 75-535 du 30 juin 1975 relative aux institutions sociales et médico-sociales et tendant à assurer une prise en charge adaptée de l'autisme. Les personnes autistes doivent bénéficier d'une prise en charge pluridisciplinaire tenant compte de leurs besoins dans le cadre d'une approche éducative, pédagogique, thérapeutique et sociale.
- **5 mars 1997.** Communication en Conseil des ministres sur le programme d'action en faveur des handicapés. Commentant la communication, Jacques Chirac, président de la République, qualifie de « véritable honte pour notre pays l'incapacité dans laquelle nous sommes de faire face au problème de l'accessibilité des lieux publics et des moyens de transport par les handicapés », et il dénonce « une sorte de refus culturel des techniciens », ajoutant que la France est « très en retard par rapport à la plupart des grands pays du monde ».
- **2 octobre 1997.** Signature du traité d'Amsterdam. Pour la première fois l'Union européenne a le pouvoir d'agir dans le domaine du handicap : « Sans préjudice des autres dispositions du présent traité et dans les limites des compétences que celui-ci confère à la Communauté, le Conseil, statuant à l'unanimité sur proposition de la Commission et après consultation du Parlement européen, peut prendre les mesures nécessaires en vue de combattre toute discrimination fondée sur le sexe, la race ou l'origine ethnique, la religion ou les convictions, un handicap, l'âge ou l'orientation sexuelle. »
- **16 septembre 1998.** Rapport de Dominique Gillot, députée (Parti socialiste) du Val-d'Oise, sur « Le droit des sourds », avançant 115 propositions pour, notamment, « la

reconnaissance académique » de la langue des signes et l'abaissement du coût des appareils et prothèses auditives.

- **24 novembre 1998.** Rapport des inspections générales des finances, des services judiciaires et des affaires sociales sur le système de protection des « majeurs incapables » : dénonciation de dysfonctionnements (mode de financement, contrôle insuffisant de la gestion des revenus des majeurs incapables) et proposition de réformes (notamment accompagnement des juges, responsabilisation des familles des majeurs et réexamen obligatoire du maintien de la protection).

Au XXIe siècle

- **27 novembre 2000. Directive 2000/78/CE du Conseil du 27 novembre 2000** portant création d'un cadre général en faveur de l'égalité de traitement en matière d'emploi et de travail.
- **9 octobre 2001.** Ségolène Royal, ministre de la Famille, de l'enfance et des personnes handicapées, Michel Sapin, ministre de la Fonction publique et de la réforme de l'État, et cinq fédérations syndicales de fonctionnaires (CFDT, FSU, UNSA, CFE-CGC, CFTC) signent un protocole qui impose aux administrations d'État le recrutement, d'ici trois ans, de personnes handicapées à hauteur de 6 % des effectifs.

2002 : vers l'actualisation de la loi de 1975 pour une mise en œuvre d'un droit à compensation

- **10 janvier 2002.** L'Assemblée nationale adopte, en première lecture, la proposition de loi relative à la solidarité nationale et à l'indemnisation des handicapés congénitaux (texte adopté n° 757), qui contient un amendement du gouvernement affirmant que

« nul, fût-il né handicapé, ne peut se prévaloir d'un préjudice du seul fait de sa naissance » et mettant fin à la « jurisprudence Perruche » (arrêt de la Cour de cassation du 17 novembre 2000 permettant à l'enfant né handicapé à la suite d'une erreur de diagnostic médical de demander une indemnité au titre du préjudice subi). L'amendement est intégré dans le projet de loi relatif aux droits des malades et à la qualité du système de santé. L'article L114-1 du code de l'action sociale et des familles est réécrit et développé par la loi n° 2002-73 du 17 janvier 2002 de modernisation sociale, qui intègre dans son article 53 l'amendement gouvernemental sur l'indemnisation des handicapés congénitaux. La loi crée aussi les conseils départementaux consultatifs des personnes handicapées (CDCPH), chargés de faire des propositions pour mettre en œuvre au niveau local la politique en direction des personnes handicapées.

- **19 février 2002.** Le Parlement adopte à l'unanimité le projet de loi sur les droits des malades et la qualité du système de santé, intégrant un dispositif qui met fin à la jurisprudence Perruche. La loi n° 2002-303 est promulguée le 4 mars 2002.
- **4 avril 2003.** Ouverture des premiers états généraux de la citoyenneté des personnes handicapées à Paris.
- **30 avril 2003.** Promulgation de la **loi n° 2003-400 du 30 avril 2003** relative aux assistants d'éducation : les assistants d'éducation remplissent des missions d'aide à l'accueil et à l'intégration scolaires des élèves handicapés et bénéficient d'une formation spécifique pour assurer leurs fonctions.
- **6 novembre 2003.** Jean-Pierre Raffarin, Premier ministre, présente un plan de solidarité en faveur des personnes dépendantes, qu'elles soient âgées ou handicapées ; le plan prévoit une enveloppe de 9 milliards d'euros répartis sur quatre ans ; il réaffirme le droit à compensation du handicap et insiste sur le développement de l'autonomie personnelle par le maintien à domicile le plus longtemps possible.
- **1er juin 2004.** Marie-Anne Montchamp, secrétaire d'État aux personnes handicapées, présente le projet de loi pour l'égalité

des droits et des chances des personnes handicapées ; ce projet institue une « prestation de compensation » personnalisée.

- **30 juin 2004.** Promulgation de la **loi n° 2004-626 du 30 juin 2004** relative à la solidarité pour l'autonomie des personnes âgées et des personnes handicapées. La loi crée une Caisse nationale de solidarité pour l'autonomie (CNSA) chargée de contribuer au financement d'actions favorisant l'autonomie des personnes handicapées et des personnes âgées dépendantes. Cette caisse finance notamment la prestation de compensation personnalisée ainsi qu'une partie du coût de l'allocation personnalisée d'autonomie (APA). Elle est en partie financée par une contribution versée par les employeurs sur le produit du travail effectué durant la journée de solidarité.
- **24 novembre 2004.** Publication par la Cour des comptes d'un rapport sur « Les politiques sociales en faveur des personnes handicapées adultes », qui critique le manque de cohérence de la politique d'insertion sociale et le fonctionnement « globalement défectueux » des structures administratives et financières.

La refondation de la politique du handicap depuis 2005

- **11 février 2005. Loi n° 2005-102 du 11 février 2005** pour l'égalité des droits et des chances, la participation et la citoyenneté des personnes handicapées. La loi renonce à une approche strictement médicale du handicap et a pour objectif de faciliter le maintien en milieu ordinaire. Pour cela, elle instaure une obligation d'accessibilité des bâtiments et des transports. Les maisons départementales pour les personnes handicapées (MDPH) rassemblent en un guichet unique tous les acteurs de la prise en charge du handicap (dont les Cotorep).
- **22 avril 2005. La loi n° 2005-370 du 22 avril 2005** relative aux droits des malades et à la fin de vie dispose que les traitements ne doivent pas être poursuivis avec une « obstination

déraisonnable » et fait obligation de dispenser des soins palliatifs.

- **28 novembre 2006.** Présentation, en Conseil des ministres, d'un projet de loi portant réforme de la protection juridique des majeurs : ce projet vise à recentrer les efforts de la justice sur les personnes majeures rendues vulnérables par la vieillesse et le handicap, et à dégager les magistrats du traitement social des personnes en difficulté, confié au département. Jacques Chirac, président de la République, salue une réforme qui va permettre de « renforcer la protection des plus fragiles et de garantir le respect qui leur est dû ».
- **5 mars 2007.** Promulgation de la **loi n° 2007-308 du 5 mars 2007** portant réforme de la protection juridique des majeurs. Il s'agit de recentrer les efforts de la justice sur les personnes majeures rendues vulnérables par la vieillesse et le handicap, et à dégager les magistrats du traitement social des personnes en difficulté, confié au département.
- **17 avril 2007.** Installation par Philippe Bas de l'Observatoire national sur la formation, la recherche et l'innovation sur le handicap, créé par la loi du 11 février 2005 sur le handicap.
- **25 mars 2008.** Nicolas Sarkozy, président de la République, annonce une augmentation de 5% en 2008 de l'AAH, qui a déjà été augmentée en janvier de 1,1 %.
- **12 février 2009.** Remise au Parlement du rapport du Gouvernement relatif au bilan et aux orientations de la politique du handicap redéfinie par la loi du 11 février 2005 et axée sur l'accessibilité, la compensation et les mesures d'insertion par le travail.
- **6 novembre 2009. Décret n° 2009-1367 du 6 novembre 2009** portant création du comité interministériel du handicap, placé auprès du Premier ministre et chargé notamment de définir, coordonner et évaluer les politiques conduites par l'État en direction des personnes handicapées. Le comité se substitue à la délégation interministérielle aux personnes handicapées.
- **2 mars 2013.** Remise au Premier ministre du rapport de la sénatrice Claire-Lise Campion sur l'accessibilité des

personnes handicapées au logement, aux établissements recevant du public, aux transports, à la voirie et aux espaces publics. Le rapport valide le maintien de l'échéance de 2015 de l'accessibilité en France. Il propose d'accompagner cette décision en déployant sur l'ensemble du territoire des Agendas programmés de mise en accessibilité (Ad'Ap).

- **8 juillet 2013.** La **loi n° 2013-595 du 8 juillet 2013** d'orientation et de programmation pour la refondation de l'école de la République introduit dans le code de l'éducation la notion d'école inclusive. Le texte détermine une nouvelle conception de la scolarisation des élèves en situation de handicap en milieu ordinaire.
- **9 mai 2014.** Promulgation de la **loi n° 2014-459 du 9 mai 2014** permettant le don de jours de repos à un parent d'un enfant gravement malade. Ce texte autorise un salarié à « renoncer anonymement et sans contrepartie », avec l'accord de l'employeur, à des jours de repos au bénéfice d'un autre salarié de l'entreprise ayant la charge d'un enfant âgé de moins de vingt ans atteint d'une maladie, d'un handicap ou d'un accident rendant indispensable une « présence soutenue ».
- **10 juin 2014.** Rapport de Denis Piveteau, « Zéro sans solution : le devoir collectif de permettre un parcours de vie sans rupture, pour les personnes en situation de handicap et pour leurs proches ».
- **26 septembre 2014.** Promulgation de **l'ordonnance n° 2014-1090 du 26 septembre 2014** relative à la mise en accessibilité des établissements recevant du public, des transports publics, des bâtiments d'habitation et de la voirie pour les personnes handicapées. Le texte simplifie et explicite les normes d'accessibilité. Il prévoit en outre la mise en place d'un dispositif d'échéanciers : les Ad'AP.
- **4 novembre 2014.** Remise aux ministres en charge des affaires sociales, du travail et des personnes handicapées du rapport de la mission parlementaire présidée par Annie Le Houérou sur l'accompagnement dans l'emploi des personnes handicapées.
- **11 décembre 2014.** Conférence nationale du handicap : annonce d'une série une série de mesures touchant de nombreux aspects

du handicap, des MDPH à l'inclusion scolaire, en passant par l'emploi ou l'accessibilité numérique (Relevé des conclusions de la Conférence nationale du handicap du 11 décembre 2014).

- **5 août 2015.** Promulgation de la **loi n° 2015-988 du 5 août 2015** accordant de nouveaux délais pour la mise en accessibilité des lieux publics et des transports aux personnes handicapées.
- **Août 2017.** Publication d'un rapport de l'IGAS sur l'évolution de la prestation de compensation du handicap qui préconise notamment une évolution des limites d'âge pour son attribution et la création d'une aide à la parentalité au sein de la PCH.
- **28 mai 2018.** Remise du rapport d'Adrien Taquet, député, et Jean-François Serres, membre du Conseil économique, social et environnemental (CESE), intitulé « Plus simple la vie, 113 propositions pour améliorer le quotidien des personnes en situation de handicap ».
- **19 juin 2018.** Chargée d'une mission sur les freins à l'accès et au maintien dans l'emploi des personnes handicapées, Dominique Gillot, présidente du Conseil national des personnes handicapées rend son rapport.
- **5 septembre 2018.** Promulgation de la loi pour la liberté de choisir son avenir professionnel. Le texte prévoit des mesures modifiant l'obligation d'emploi des personnes handicapées (OETH) : obligation pour toutes les entreprises de déclarer leurs effectifs bénéficiant de l'OETH. A partir de 2024, le taux sera actualisé mais ne pourra être inférieur à 6 %.
- **6 août 2019.** La loi de transformation de la fonction publique transpose les disposition de l'OETH, qui figuraient jusqu'à présent dans le code du travail, dans un nouveau chapitre V de la loi du 13 juillet 1983 portant droit et obligations des fonctionnaires.
- **6 mars 2020.** La loi qui assouplit les conditions d'accès à la PCH (limite d'âge ou de durée).
- **7 août 2020.** Les **loi organique et loi du 7 août 2020** relatives à la dette sociale et à l'autonomie créent une cinquième branche de la Sécurité sociale couvrant le risque de perte d'autonomie, dont la gestion est confiée à la CNSA. La loi

du 14 décembre 2020 de financement de la Sécurité sociale pour 2021 contient les premières mesures pour organiser le fonctionnement de cette branche.

- **20 novembre 2020.** Une décision du Conseil d'État décharge l'Éducation nationale de toute responsabilité dans le financement des emplois d'accompagnants des élèves en situation de handicap (AESH) sur le temps périscolaire, dont la pause méridienne. Cette prise en charge incombe à la collectivité locale, structure organisatrice de l'activité.
- **26 avril 2021. La loi du 26 avril 2021** visant à améliorer le système de santé par la confiance et la simplification met en place la plateforme « Mon Parcours Handicap ».
- **16 décembre 2022.** Loi permettant la signature de CDI (contrats à durée indéterminée) pour les AESH au bout de 3 ans et confirmant la même possibilité pour les assistants d'éducation au bout de 6 ans, après deux CDD (contrats à durée déterminée).
- **28 décembre 2022.** Un décret met en place la déconjugalisation de l'AAH au 1er octobre 2023.
- **2 février 2023.** Une enquête évalue à évalue à 9,3 millions le nombre d'aidants auprès de personnes en situation de handicap ou de perte d'autonomie en 2021.
- **17 avril 2023.** Décision du Conseil de l'Europe, selon laquelle la France ne respecte pas les droits des personnes handicapées.
- **19 juillet 2023.** Loi visant à renforcer la protection contre le licenciement des familles d'enfants atteints d'une maladie ou d'un handicap ou victimes d'un accident d'une particulière gravité et la simplification des démarches des parents bénéficiant de l'allocation journalière de présence parentale (AJPP).
- **6 septembre 2023.** Deux ordonnances réaffirment « l'accessibilité numérique à 100 % ». À partir du 1er janvier 2024, les sites de l'internet public non accessibles aux personnes handicapées peuvent faire l'objet de sanctions à hauteur de 50 000 euros. Ils renforcent aussi l'accessibilité des services téléphoniques des entreprises et services publics aux

personnes sourdes, malentendantes, sourdaveugles et aphasiques par un régime de sanctions pour les grandes entreprises, ainsi qu'une solution d'accessibilité téléphonique universelle.

- **5 décembre 2023.** Rapport de la Commission nationale consultative des droits de l'homme (CNCDH) sur le handicap en France, qui analyse des politiques publiques du handicap et décrypte les préjugés et idées impactant les droits fondamentaux des personnes handicapées.
- **26 décembre 2023.** Afin de diminuer le non-recours aux soins, la **loi de financement de la Sécurité sociale** pour 2024 étend l'accès simplifié de la complémentaire santé solidaire (C2S) à certains bénéficiaires de minima sociaux (AAH), allocation supplémentaire d'invalidé (ASI), allocation de solidarité spécifique (ASS) et allocation du contrat d'engagement jeune (CEJ).
- **23 janvier 2024.** Le Sénat adopte à l'unanimité une proposition de loi visant la prise en charge par l'État de l'accompagnement humain des élèves en situation de handicap sur le temps méridien. Ce texte est destiné à transférer la prise en charge financière des AESH intervenant auprès des élèves pendant la pause déjeuner, qui incombe aux collectivités locales depuis la décision du Conseil d'État du 20 novembre 2020. L'Assemblée nationale doit désormais examiner ce texte.

Alors, que ressens-tu à la lecture de tout cela ?
Que manque-t-il d'après toi ?
Sur quels sujets aimerais-tu faire bouger les lignes à ton tour ?

88373 - (I) - OSB 80° - NCO - DNN
Dépôt légal : août 2025
Achevé d'impression par Imprimerie CHIRAT
42540 Saint-Just-la-Pendue

Imprimé en France